医学部受験最前線

医師になるということ

doctor

坂本友寛
富士学院 学院長

朝日新聞出版

はじめに

今回、親交のある順天堂大学の天野篤特任教授、医師向け情報サイトを運営するメドピアの石見陽代表を始め、多くの方々のご協力を得て、私にとって2冊目の著作となる「医学部受験最前線・医師になるということ」を出版する運びとなりました。本書はタイトルにもあるように「医師になる」というテーマで様々な執筆を重ねました。

医学部受験は他学部とは違い、医師になる人を選抜する試験であり、大学受験ではありますが、就職試験の意味合いも含まれています。全ての大学で面接試験が課せられ、また多くの大学で小論文試験も別途課せられます。

〝学力だけあっても合格ができない〟これが医学部受験の大きな特徴であり、また他学部との大きな違いでもあります。

それでは合格のポイントは何かというと、ずばり医師になるという強い自覚と覚悟を持つことです。私共富士学院は現在、今年開校した校舎を含め全国に9校舎の直営校を構え、コロナ禍の中で行われた2021年度入試においても、過去最高となる延べ434名の医学部医学科の合格者を輩出することができました。また合格者実数においても、医学部医学科専願者448名中249名の合格者を輩出し、今年度も選抜制を取らずにお預かりした生徒の2人に1人以上を医学部医学科に進学させることができています。

これは生徒一人ひとりに「医師になる」という強い自覚と覚悟を促し〝何のために勉強を頑張っているのか〟という勉強を頑張る上での本質を理解させ、そのための学習環境を講師・職員全員で整えているからに他ありません。詳しくは本書の第五章をご覧いただければ幸いです。

これまで数多くの医学部受験に関する本やその攻略法などの本が出版されていますが、本書はそれらの本とは一線を画し、「医師になる」という角度から医学部受験を捉えた内容となっています。医師になるという強い自覚と覚悟さえ持てれば、生徒や受験生たちは自ら大きな壁とも向き合い、その壁を乗り越えていく努力を続けていくことができます。

本書は医師として医療現場や業界の最前線で戦っておられる天野篤特任教授や石見陽医師、おおたわ史絵医師に加え、医療の世界を独自の視点で取材され、多くの現役医師からも高い評価を得られている漫画『コウノドリ』の作者である鈴ノ木ユウ先生に「医師になる」というテーマでたくさんのことを語っていただきました。

特に天野特任教授との対談では、順天堂大学を定年退職された夕イミングということもあり、これまであまり聞けなかった話なども今回聞くことができました。また、石見代表のインタビューでは、将来医師になった時に必ず役に立つ医師向け情報サイト「メドピア」について代表自ら詳しく語ってもらっています。いずれもこれから医師を目指す皆さんにとっては、大きな刺激になると共に、将来役に立つ情報が満載されていると自負しています。

そして、医師になるためには当然ながら医学部受験を突破しなければなりませんが、そのために必要となる様々な情報や今年度合格を果たした生徒の事例を含む、具体的な攻略法についても本書に詳しく書いています。

本書が医学部を目指す一人でも多くの生徒や受験生、また保護者の方々にとって、これからの参考となりお役に立つものとなれば、著者として望外の喜びです。

目次

第一章 対談

doctor

坂本友寛
天野 篤

（心臓外科医・順天堂大学医学部特任教授）

「良医を世にたくさん送り出すために必要なこと」

天野 篤(あまの・あつし)

心臓外科医。順天堂大学医学部特任教授。学校法人順天堂理事。1983年、日本大学医学部卒業。関東逓信病院、亀田総合病院、新東京病院、昭和大学横浜市北部病院循環器センターを経て2002年順天堂大学大学院医学研究科心臓血管外科学教授、13年内閣府男女共同参画推進連携会議議員。16年より3年間順天堂大学医学部附属順天堂医院の院長を務める。冠動脈バイパス手術の専門医として5,000件以上の手術をこなし、12年には第125代天皇（現・上皇）明仁陛下の狭心症冠動脈バイパス手術を執刀。

新型コロナウイルス感染症の流行で大きく変わった医療現場

坂本　天野先生とは2年ほど前に医学部教育関連のイベントで初めてお目にかかりました。その後、コロナ禍という予想だにしない状況になったわけですが、医療現場において医師の皆さんの意識の変化はありますか？

天野　コロナ治療の最前線にいる医師や医療従事者は過酷な環境下で連携し、「患者さんを救おう」という強い思いでその役割を果たしています。重症化の予防策が確立したのは医療の進歩に加え、こうした医療チームの総合力もあると思います。

一方、私たち外科医の現場は患者さんの受診控えの影響で、手術数が大きく減りました。その分、病状の重い患者さんが紹介されることが増え、難しい手術が多くなる傾向ですが、以前に比べ、患者さんの対応に時間を割くことができるようになりました。

この状態がいつまで続くかは分かりませんが、「医師の働き方改革」（過重労働による負担の問題の打開策として、労働時間の上限制度などが設けられた法改正。2024年4月から施行されるため〝医師の2024年問題〟とも言われている）が、予想外の形でスタートした感があります。

坂本　私たちの業界もコロナ禍で大きな変化がありました。まず、2021年度の医学部入試は私立医学部で見ると受験者数が前年度と比べ延べ1万人ほど減りました。少子化の影響だけではなく、首都圏の大学を敬遠するなど、コロナ禍の影響もあると推察されます。とはいえ、やがてはコロナも落ち着いてくるでしょうし、人口の減少に応じて医学部の定員は減らされていくわけで、医学部が今後も難関であることに変わりはありません。

天野　コロナ禍で医学部を目指すのはどのような生徒ですか？

坂本　これまで以上に意識が高い生徒が多いように感じます。2021年に富士学院から医学部に合格した生徒はもちろん、現在、お預かりしている生徒も、「こういう大変な時だからこそ、医師として社会に貢献したい」「患者さんを救いたい」

という強い気持ちを持って臨んでいるようです。

天野　コロナ禍ではＺｏｏｍなどオンラインでの会議や授業が一気に普及しました。塾や予備校のスタイルも随分、変わりましたか？

坂本　はい。一例を挙げると、当学院では海外在住でオンライン授業を受講する生徒が出てきました。近い将来、帰国して医学部受験を予定しているお子さんなのですが、このような生徒に勉強の場を提供できる仕組みを作れたことは大きな発見でした。

医学部に入る前に「医師を志す覚悟」を問う必要がある

坂本　近年、文部科学省が「高大接続改革」（変化の激しい時代に新たな価値を創造していく力を育成する取り組み）をすすめており、高校と大学が連携していくなどのプログラムが始まっています。

医師は生涯にわたって勉強が必要なある意味厳しい仕事であり、医学部合格はあくまでもそのスタートラインに立ったに過ぎません。だからこそ、こうしたいわゆる「学部前教育」で高校時代に医学部で学ぶことのすばらしさと共に、厳しさなどを子どもたちに知ってもらうことはとても大事だと思います。ただ、医学部と高校の連携授業がどこでもできるかというと、難しいのが現状ではないでしょうか？

天野　そうですね。

坂本　私は医学部受験の塾や予備校でこうした学部前教育の一端を担えたらいいのではないかと思っています。実は富士学院では「教え、育む教育」を理念として掲げており、学部前教育を意識したカリキュラムを以前から実践しています。

天野　どのような指導をしていますか？

坂本　生徒には医師になるための目的を明確にし、医師として働くための覚悟、自覚を促すように声をかけています。例えば折に触れて、「なぜ医師になりたいのか」を聞いています。面接指導においても早い段階から、オリジナルの面接ノートを活用し、面接ノートに自分自身の考えや思いをまとめてもらいます。このようなプロセスの中で、生徒は自身と向き合いじっくりと自己分析を行うことで、医師になるという決意をより強いものにしていきます。

また、学院の方針として「良医育成」を掲げています。良医の条件の一つとして、病気を治すだけでなく、病気になった人を全人的に治せる医師であることは絶対だと思います。そのためには学力だけでなく、「人間力」「コミュニケーション能力」も必要です。そのことを職員や講師全員が共有し、生徒に伝える教育を心がけています。

天野　そうした教育に取り組むには、講師の指導力も重要だと思います。どのようなことをポイントに採用していますか？

坂本　医学部受験を指導できる知識と指導力は当然、必要ですが、これに加えて生徒目線で教育ができる人であることです。予備校は生徒が主役ですが、実際には講師が主役になっているケースが多くあります。人気講師にこのような傾向があります。が、一方的に教えるだけでは、生徒が分かった気になっているだけで理解できていないことがしばしばあります。

生徒が主役となれば、講師は自分が教えていることを生徒が理解できているかの確認をするでしょう。課題をやって来なければ厳しい態度も必要です。生徒のためにそれができるかどうか、です。更に人間性は何より重要です。教え育む教育を掲げているからには生徒だけに「努力しろ」「頑張れ」と言うだけではだめなのです。医師を目指す生徒と一緒に、努力する背中を見せることで、生徒は信頼してついてくるのだと思います。

天野　教える側と教えられる側ががっぷり四つに組む。柔道で言えば袖と襟を持って同じ条件の中で技を掛け合うイメージですね。正対しているからそこに精神的なねじれは生まれにくい。おそらく、似たようなスタイルだと思いますが、レーシングドライバーの専門学校や航空大学校なども、授業は厳しいですが、入学後に脱落する生徒が少ないと聞いています。

もう一つ、私自身の経験から、いい塾や予備校に欠かせないものは、生徒たちの間に、互いを応援する精神があることだと思います。具体的には不合格だった生徒が合格した生徒をねたむのではなく、素直に喜べる雰囲気があること。実際、素直に喜べる生徒は次の受験で合格できる可能性が非常に高い。

坂本　おしゃっている通りだと思います。手前味噌になりますが、富士学院は生徒たちが日頃からとても仲が良く、互いを応援する姿勢ができていると感じています。勉強もよく教え合っています。勉強を教えていると教えている側も理解が更に深まり、力がついていくものです。つくづく、学ぶ環境は大事だと感じます。

天野　先ほど生徒たちと交流しましたが、こんなにアットホームな塾は初めてだと思いました。実は先ほどえらそうなことを言いましたが、私は浪人時代、「こいつが受かったのに、自分が受からないなんて……」とねたんでばかりだったのです。こうした負の感情はかえって自分を悪いほうに追い込んでしまう間違ったやり方です。そうではなく同じ夢を目指す仲間を応援し、喜びを共有する。「あいつが頑張ったんだから、次は俺が合格するぞ」と共有した思いをプラスのエネルギーにして、自分のミッションに乗せていく。そのほうがねたむよりも断然、うまくいくことが、今はよく分かります。

坂本　テレビドラマ、「ドラゴン桜」（TBS、2021年4月～6月）がそうでした。東大専科で学ぶ生徒たちが助け合い、励まし合いながら受験に向かう姿が描かれていました。

天野　ドラゴン桜と言えば、原作者である三田紀房さんの「クロカン」という、野球を舞台にしたスポーツ漫画があります。その中で毎年、コールド負けをする弱小チームの監督になるクロカン（黒木竜次）が部員から指導料を徴収する場面があります。いくら払うかは部員がそれぞれ決め、それをドラム缶に入れさせるのですが、お金が貯まるにつれ、チームは強くなっていく。そして最後は甲子園で全国制覇を成し遂げるのです。実は……、私も教授職についてから部下に対して、クロカンと似たようなことをやっているのですよ。

坂本　それは興味深いですね。

天野　手術で経験の少ない若手医師が執刀した際、エラー（ミス）をすることがあります。もちろん、ベテラン医師が入って大事がないようにサポートしていますが、そのような時に、執刀した医師に「金を払え」と言うのです。金額は自己申請制で手術をしたチームのスタッフにも昼食などをおごらせます。

私も経験がありますが、ゴルフが早く上手くなりたいと思ったらタダで誰かに教えてもらうよりも、お金を払ってゴルフスクールに行くことだと思うのです。自腹を切る分、真剣に取り組みますからね。ましてや初心者外科医の手術エラーはほとんどが準備不足です。当たり前の基本をおろそかにする癖を矯正する必要があるのです。つまり、いかに同じことを繰り返さないようにするか、そのための策の一つなのです。

坂本　医学部受験をする生徒にも、共通する部分があります。「安くない授業料を払い、予備校に行かせてくれている」と親に対して心から感謝をしている生徒は、勉強に対してもとても意欲的です。

国公立か私立か、ではなく、医学部でしっかり学ぶことが大事

坂本　保護者からは、「医師としての将来を考えた時、私立大よりも、国公立の医学部のほうがいいのでしょうか？」という質問をよく受けます。

天野　私は必ずしもそうではないと思っています。まず、医師の将来という意味では、当たり前ですが、優秀な医師になれるかどうかが大事なわけです。医学部生のレベルは大学単位で言うと医師国家試験（以下、国試）の合格率に相関します。そしてこの国試の合格率は近年は私立大がけっこう頑張っている。国公立大よりも高いところが多いのです。留年者の数もしかりで、私立が多いということはありません。

参考までに順天堂大は私立ですが、過去10年間・20年間の平均においても全国80校中2位で安定的に高い合格率（※1）を維持しています。

坂本　国試の合格率に差がつく理由は何でしょうか？　医学部のカリキュラムは全国どこでも同じであり、入学時点では、皆、優秀です。

天野　差がつくのは入学後の6年間をしっかり学んだかどうかです。難しい授業内容をていねいに教える、落ちこぼれそうな学生をフォローする体制が大学側にあるかどうかも差としてあらわれると思います。

坂本　良医になるためにも、医学部入学後からしっかり取り組んでいく必要があるのですね。

天野　大学に入ると部活やサークル活動が楽しくなる。特に医学部生は周囲からちやほやされがちで、気が緩んで遊んでいるうちに6年間があっという間に過ぎてしまいます。厳しいことを言いますが、このような学生は医師免許がとれても、その後が大変です。それは研修医を見ていると分かるのです。うちの大学にも毎年、たくさんの初期臨床研修医が入ってきますが、その時点で能力の差がかなりあると感じます。「こんなことも知らないの？」と驚くことも珍しくないのですよ。

坂本　研修医になった後、その能力を測る試験も実施されますね。

天野　初期臨床研修医を対象とした、「基本的臨床能力評価試験（GM-ITE）」のことですね。パソコンを使ったCBT方式で行う120分の試験です。臨床力を試すテストですが、結果は例年、成績トップと下位で、かなりの点差となります。これは臨床研修病院の教育力の差ともいえますが。

坂本　そうすると、医学部を卒業した後、どこの研修先で学ぶかも大事になってきますね。

天野　そこなのです。全国から希望者が集まるような人気のある研修病院は教える側の医師の質から施設まで、あらゆる面で医師としての能力を身に付けられる環境が整っています。しかし、倍率が高いので、マッチングの際、学業が不振だったり、留年している学生は不利になってしまいます。

坂本　私立か国公立かではなく、いかに医学部でしっかり学ぶことが大切かが改めて分かりました。では、学部生は具体的にいつ頃から研修先を探すべきでしょうか？

天野　学部5年生になってから慌てて探す学生も多いようですが、遅いですね。私は比較的時間のある3年生くらいまでの間に、できるだけ多くの病院に見学に行くことをすすめています。夏休みなど長期の休みを利用して、海外の病院に行くのもいいでしょう。

見学先は自分で探すとして、候補が決まったら、教官や先輩医師などに紹介を頼まなければならないことが多いです。また、遠方や海外の場合は移動や宿泊の費用も準備しなければなりません。こうした一連の手続きが学びになり、自分の人生を拓くことにもつながります。

見学先では様々な感想を持つと思います。それをもとにまた、次の病院見学に行ってみる。そうしているうちに医師としての将来像や行きたい研修病院が絞られてきます。そこで本格的にマッチングの準備をするのがいいと思います。

志のある若者に医師を諦めてほしくない

坂本　私立大医学部の学費が以前と比べ安くなるなど、昔よりも医学部は受験しやすくなりました。それでも他の学部に比べると金銭的負担は大きいです。志が高く、良医になれそうな生徒が経済的な事情で国公立1本に受験校を絞らざるをえない。結果、医師を諦め、他学部へ行くような現状を見るにつれ、もったいないと思います。
天野　医学部受験に強いのは私立の中高一貫校ですから、中学受験時の12歳で将来が決まってしまうような状況があります。うちの大学の医学部生も多くは経済的に恵まれた家庭に育っています。

こうした偏りが結果的に、「努力して患者さんのために貢献して社会に恩返ししたい」という医師を減らしてしまったように思います。あえて苦労を選ばず、「まぁまぁのところでいいや」と満足している医師が多いのが現実です。

私はこうした問題の打開策として、一県一医大構想による医師育成を見直して、国が一括して医師教育を担う、医師育成制度に切り替えてはどうかと思っています。

坂本　どのような制度でしょうか？

天野　国のプログラムとして医学部教育を実施し、授業では地域医療の重要性や患者さんへの貢献についても徹底的に教え込みます。卒業後も教育を受けたことが実践されているかどうかをモニターします。一方、学費は全て卒後の研修先を管理する厚生労働省が財務省の財政出動から肩代わりして、自治医大などが確立してきた卒後9年の義務的な勤務をマッチングの要領で振り分けます。一部の自己負担を認めて、9年を6年までは短縮しても良いと思います。医師の育成には国公立、私立大共にすでに莫大な公費（税金）がつぎ込まれていますので、これにプラスしても驚くほどの支出にはならないはずです。

坂本　この制度が実現すれば地方の医師不足も解消されますね。

天野　一発で解決すると思います。更に学費の問題で医学部を目指せなかった人も、医師になれるチャンスがあります。そうした中から、現状の医療の課題を克服しようとする突破力のある医師も出てくるでしょう。

坂本　私も微力ながら、いずれ「富士学院基金」のような、奨学金制度を作り、医師を目指すやる気のある生徒をサポートしたいと考えています。

天野　すばらしいことですね。学院長と同じような志を持つ人は私の周りにも増えてきています。それだけ医師の資質を含め、今の医療に不備を感じていたり、問題視をしている人が多いということだと思います。

坂本　現在、富士学院の卒業生で作るＯＢ会は１０００人を超えました。この中には医師が３３０人ほどいます。彼らの多くは留年も国試浪人もしていません。おかげさまである大学の医学部からは、「富士学院さんの生徒は留年者もほとんどなくみんな頑張っている」と評価をいただきました。私は彼らに良医となって、今後、医療を守る中心的な存在になってほしい。卒業後も様々な形で支援をしていきたいと思っています。

成功すれば必ず元気を取り戻せる！　心臓外科の魅力

坂本　天野先生はお父様のご病気がきっかけで心臓外科医になられたと聞いています。

天野　はい。医師になったきっかけも父が心臓弁膜症だったことでした。医学部2年生の時には父が僧帽弁置換手術を受け、見違えるように元気になった姿を見て、「心臓外科はすごいな」と感じました。ただ、医学部時代には僻地医療を考えた時期もあるのです。

最終的に心臓外科医を決断したのは医師国家試験に合格し、2か所目の研修先となる亀田総合病院に入職してからです。一般外科の研修医を務めていた時でした。

当時、消化器外科で一番多かった病気は胃がんでした。今でこそ治る病気ですが、その頃は完璧に手術をしても、患者さんの多くは1～3年後くらいに再発して病院に戻り、亡くなっていたのです。

心臓手術はたとえ難しい手術でも、成功すれば患者さんは元気を取り戻して長生きします。実際、そうした患者さんの姿を目の当たりにし、歩む道が決まりました。

坂本　一人前の医師としてやっていけると感じるようになったのは、いつ頃からですか？

天野　3000例を超えたあたりからでしょうか。年齢で言うと44歳の時です。

坂本　それまでは不安に感じることもあったということですか？

天野　2000例くらいまでは予想外の展開に慌てたり、先が読み切れなかったりして怖い経験をすることもありました。しかし、この頃から大局観のようなものが身に付いてきました。手術がこの先、どう展開していくのか、どんな結果に至るのか、全体の方向性というか、起承転結のようなものが自然と見えるようになってきたのです。

　実は私の頭の中の引き出しには、これまで経験したたくさんの手術シーンがしまい込まれていて、それは絵として頭の中に取り込まれています。そして手術の際には「これはあのパターンだな」「あの時の経験が参考になるな」と、記憶の引き出しからその絵をさっと取り出してくるのです。

坂本　卓越した外科医の頭の中というのは、すごいものですね。

天野　いや、正直な話、全ては患者さんに教わったのです。患者さんは自分を成長させてくれた先生だと思っています。また、手術の成功はチームの総合力であり、スタッフは自分の応援団です。だからこそ、彼らにも日が当たってほしいと思ってやってきました。

「ノブレス・オブリージュ」という言葉があります。「貴族たるもの、身分にふさわしい振る舞いをしなければならぬ」と訳される、欧米社会の道徳観ですが、この言葉通り、ひたすらに懸命に取り組むと結果として世間の評判や経済的なものもついてくるのです。大学の教授職の話をいただいたのがこの頃なのです。おかげで私のスタッフもプライドを持って仕事に取り組めるようになり、周囲からその技術が高く評価されるようになっていきます。

坂本　現在までの症例数は相当なものになりますね。

天野　はい。ただ、実はある時から症例数を数えるのをやめてしまったのです。大きな理由は上皇陛下（当時の天皇陛下）の手術に関わらせていただいたことがきっかけです。

陛下がご公務に対して「公平の原則」を貫かれているお姿を拝見していましたが、実際、入院される時も病院関係者、手術関係者全てににこやかな表情で、そのお姿は入院中も全くお変わりありませんでした。

私は陛下のお姿から、自分は全ての患者さんに対して公平に手術に挑んでいるだろうか、などと自問しました。考えれば考えるほど、自分にはまだ、できていないことがありました。手術が周囲に美化されたり、評価されたりするのは何か違うのではないか、という疑問も湧いてきて、更に考えた末に、自分個人が満足するような目的を掲げるべきではないことから、これまでの症例数を忘れることにしたのです。

天皇陛下の手術は「乾坤一擲」、全集中で取り組んだ

坂本　陛下の冠動脈バイパス手術が実施されたのが2012年2月。もともと狭心症で治療をされていた中で手術が決まったということですが、どのような経緯で天野先生の執刀が決まったのでしょうか？

天野　当時の宮内庁の担当医師は、東大出身の故・金澤一郎医務主管で、東大における陛下の主治医は東大病院循環器内科の永井良三教授（現・自治医科大学学長）でした。

実は私はそれまでにお二人が知っている著名な医師を複数人、手術していたのです。手術を受けた人たちは皆さん元気に現場に復帰しており、そのことをよく知っていたのですね。

客観的な評価としては、私の手術の長期成績が高かったことがあります。また合併症の少ない手術をする医師の一人として候補になったと聞いています。更に私が当時、まだ、珍しかったオフポンプ手術（冠動脈バイパス手術を行う時に人工心肺装置を用いずに心臓の動きを止めないでする方法のこと。患者への体にかかる負担が少ないといわれる）を手掛けていたことも大きいと思います。

加えて手術の前年には陛下のご病状に対する見解を求められていました。順天堂大は東大からも近いですし、すでにコミュニケーションが取れている人間が執刀したほうがいい、ということもあったようです。

坂本　執刀医を受けることに迷いはありませんでしたか？

天野　陛下の手術が検討されたのは前年の病状と比較し、進行してきていたこと、その年の6月にエリザベス女王の即位60周年の記念式典のためにイギリス訪問を希望されていること、東日本大震災で亡くなった方への慰霊など公務に予定通り行きたいというご希望などからと聞いています。

そのような中、医師団から、「陛下には生活の質をできるだけ高めていただきたい。そのためには冠動脈バイパス手術が最も適切な選択だと思われますが、天野先生のお考えはどうですか」と尋ねられたのです。その時私は即座に、「できます。質の高い手術が十分にできます」と答えています。

坂本　プレッシャーはありましたか？

天野　手術の技術についての不安は今、振り返っても全くありません。平常心で挑むことができました。手術は東京大学と順天堂大学の合同チームで行うことになったのですが、検査結果を何度も検討し、丸一週間かけて事前の準備も十分行いました。

私と手術スタッフの中では手術ですべきこと、予期せぬ状態が万が一起きた場合の対応を含めて、万全の態勢で挑むことができていました。あとは手術当日の自分の体調が万全であるよう、気を配ることだけです。

坂本　著書の中では受験勉強に例えた言い方をされていましたね。

天野　はい。例えれば受験の模試で、すでに何度もA判定が得られていて、過去問も繰り返し解き、更に過去問の問題文も暗記できているような状態でした。ここまで準備できていたら、あとは実際の場で同じことを再現するだけなのです。手術では余計なことは考えず、乾坤一擲《けんこんいってき》、全集中で取り組みました。

外科医に向く性格、内科医に向く性格

坂本　ところで、外科医に向いている性格、内科医に向いている性格というのはありますか？

天野　内科医は患者をまず一人の人間として受け入れた後、個体としてとらえ、一つひとつ皮をはぐようにして病気の原因を突き止めていかなければなりません。それが分かったら分子細胞レベルでの最善の治療を考えつつ、患者さんの家族構成や生活習慣などを聞いた上で、「この人の健康を取り戻すためにはどうしたらいいか」というストーリーをあらためて作っていく。こうした点から、研究者的な性格と夢や空想を好むロマンチストな部分の両面があるといいのではないかと思います。

一方、外科医に必要なのは病気の原因を直接解決し、そのために自らの負担をいとわない自己犠牲の精神でしょうか。中でもいったん手術を始めたら後戻りできない、心臓外科医や脳神経外科医には、このような精神、覚悟が必須だと思います。

坂本　患者さんの命に直接、関わることですからね。

天野　がんの手術の場合、どうしても腫瘍を取り切れないとなれば、その時点で引き返して手術を終えることもできます。しかし心臓の手術には、もう引き返せないという命の分岐点があります。そこを過ぎたら治さない限り、心臓を元には戻せません。だからこそ、ここで「逃げ道はない」と精神的に自分を追い込んでいかないと、一人前にはなれないのです。

分かりやすくいうと映画「インディー・ジョーンズ」でハリソン・フォード演じる主人公が敵に追われて断崖絶壁の橋を渡ったとたんに、その橋が崩れ落ちていくシーンがありますが、そのイメージです。

また、手術中には患者さんの状態が予想外かつ、急激に変わることもあります。

その時にどう判断し、どのような処置をするかは秒読みされている中で、爆弾のケーブルを複数の中から選んでいく状況と似ています。

坂本　耐えられない人もいるでしょうね。

天野　そういう人は心臓外科医や脳神経外科医にはなるべきではありません。

坂本　そのような過酷な状況を自らに課せる人というのは……。

天野　（自分を指して）こういう人です（笑）。少なくとも私には向いていました。「外科医の精神は殿《しんがり》の精神」だと思っていますからね。

坂本　殿は戦国時代の言葉ですね。後退する部隊の中で最後尾の箇所を担当する部隊のこととあります。

天野　本隊が戦術的に劣勢な状況において、殿は敵の追撃を阻止しながら、本隊を守る役割をする武将です。本隊から支援や援軍を受けることもできず、限られた戦力で敵の追撃を食い止めなければならない最も危険な任務であり、守るべき対象のために自らの命をかける存在です。

殿を務める私が守るべきは患者さんであり、チームの仲間たちです。だから、命をかけて患者さんを救わないといけない。
こうした心情を大切にするもう一つの理由はリーダーシップにあります。リーダーができない、無理だとひるんだり諦めたりしたらチームの結束は直ちに崩れてその影響は患者さんに及びます。オバマ氏の「Yes, we can」というプライドが最良の結果につながるのです。

名医とはどのような医師か？　名医の条件は？

坂本　先生は「名医」として知られています。ずばり、名医とはどのような医師のことだと思われますか？

天野　まず、医師が医師をさしていう「名医」は利益相反が入るので、おそらく正しくはないでしょう。名医かどうかは患者さんが決めることだと思います。その定義ですが、これは医師がどのような立場で治療をしているかで変わってきます。例えば地域の診療所などで、今ある苦痛を取り除く医師も、ある患者さんからすれば名医と言えるかもしれません。
ただ、確実に言える「鉄板の名医」の条件は、「予後が作れること、予後が当てられること」だと思っています。明日どうなっているか、1か月先はどうなっているか当てることができるという意味ですね。
それが当たっているからこそ、「手術をしたほうがいいですよ」と確信をもって、すすめられるわけです。これは数多くの経験を積んだ医師だからこそできるものです。名医であれば術後の回復のプロセスを具体的に、「○日後には管（ドレーン）を抜くことができます」などと伝えられますし、実際、言った通りになります。だから患者さんの医師に対する信頼感が増し、「名医」と言われるようになるのだと思います。

坂本　良医から名医になれる人は多いのでしょうか？

天野　誠実に患者さんに向き合った上で、継続的に勉強を続け、経験を増やしていければなれる可能性はあると思います。ただ、現在はＡＩ（人工知能）も含めて様々な最新の医療機器が登場していますので、こうしたものを駆使して、患者さんの正しい診断、治療につなげていくことも欠かせませんね。また、医療安全やEBM（科学的根拠）にも続く医療にのっとったルールに沿うなど、やるべきことがたくさんあります。

坂本　確かに医療の進歩はすごいですね。外科の分野で特に注目されるものは何でしょうか？

天野　急速に進化しているものに画像診断機器があります。心臓3D－CTやフルカラー画像が見られる心臓エコー、4K、8K解像度の内視鏡も登場し、手術の設計図を描くことができるようになりました。また、心臓外科の手術では100種類におよぶ器具を使うのですが、その取扱い方法は細かく決められており、数の管理も大変です。こうした道具の包括的な管理を映像化するソフトも登場しています。エラーが減り、安全性も高まるので、手術が難しいといわれていた患者さんにも希望が持てるようになっています。

坂本　患者さんのためにも、医療機器を含めた様々な技術を学び、自分のものにしていかなければならないのですね。

医師になりたい中高生、受験生に伝えたいこと

坂本　これから医師を目指す中高生、受験生はどのようなことを意識するといいのでしょうか？

天野　勉学の他に医師として特に重要なのがコミュニケーション能力です。更に起きたことを分析して、それに対して次の答えを出していく展開能力も大事です。日々の生活を通じて、集団の中で自分は何をすべきなのか、どうすれば、集団として更に強い結束が生まれるかということを常に考えることが大事だと思います。

もう一つ、礼儀作法がきちんとできることも当たり前のようですが、とても大事なことだと思います。「長幼《ちょうよう》の序」という言葉がありますが、年少者は年長者を敬うことなど、日本の良いところを自然に身に付けられるといいですね。

坂本　コミュニケーション能力を上げる方法として、すぐに実践できることはありますか？

天野　医学部生にアドバイスをしていることの一つに、「電車に乗ったら席を譲る」というのがあります。高齢者や障害のある方、妊婦さんなどを積極的に見つけて声をかけ、空いている席に誘導します。「ひと駅だけですから結構です」と断られても、そこを何とか工夫して、座ってもらう。
　ようは様々な人に声をかけ、やりとりをする経験が大事なわけで、これが医師になった時、非常に役立つのです。実は私自身も電車を利用する際にはできるだけやるように心がけています。ぜひ、中高生や受験生の皆さんにも取り組んでほしいですね。

医学部生や若手医師に望むこと、今後の夢

坂本　医学部生や若手医師に伝えたいことはありますか？
天野　若い世代には現状を変える突破力を期待しています。そして、その力を患者さんのための、より良い医療につなげてほしい。また、日本の医療はもっと海

外に進出するべきだと私は思っています。この点も若い皆さんに担ってほしいと切に願います。

坂本　天野先生ご自身の今後の展望を教えてください。

天野　私は２０２１年3月末に医学部教授として定年を迎えました。学校法人順天堂の理事職や特任教授の職務は続きますが、今後も手術ができる限り、現役の心臓外科医としてメスを持つことにこだわろうと思っています。

坂本　すでに中国やベトナムなど海外に招聘され、メスをふるっていると聞いています。

天野　はい。中でも中国には数多く、行っています。実は以前から順天堂大には中国の富裕層が心臓手術を受けるために年に10人くらいのペースで来ていたのです。その時に、「先生のようなスキルを持つ医師が中国にはいない。だからこうしてわざわざ来るのです」と言われました。

それを聞いて、このように自分を求めてくれる人がいるのであれば、そこで残りの人生を生きてみたい、と熱い思いが湧いてきました。恋愛と同じで、恋焦がれている人と出会うことに人間はロマンを感じるのだと思います。日本ではすでに自分が育て、同じレベルの手術ができる医師がいます。しかし、中国はこれからです。医師への教育も含めて今後、依頼があれば積極的に現場に行こうと思います。

ところで坂本学院長の夢はやはり、学院から一人でも多くの医師、医療人を輩出することですか？

坂本　はい。私も今年で60歳を迎え、還暦になります。一日もおろそかにせず良医の育成教育に全力で取り組み、多くの生徒の合格につなげていきたいと思います。

天野　医師一人が生涯で向き合う有病者はせいぜい数万人くらいですが、内科医に限ると90万~100万人を診ることになると言われています。学院長がスタッフと一丸となって、良医を世にたくさん送り出すことができれば、その数は膨大になります。

坂本　そうですね。天野先生の言葉は非常に大きな励みになりました。今日はあ

りがとうございました。

※1　医師国家試験―順天堂大学医学部・大学院医学研究科
(juntendo.ac.jp) から

第二章

特別インタビュー①

鈴ノ木ユウ

（漫画家・『コウノドリ』作者）

「病気ではなく『人』を診る医師に」

鈴ノ木ユウ

漫画家。2010年第57回ちばてつや賞入賞。12年、講談社『モーニング』にて産科医療をテーマにした『コウノドリ』を短期集中連載、13年春より連載開始。15年、17年に2シリーズにわたりTVドラマ化。16年、第40回講談社漫画賞・一般部門受賞。電子版も含め単行本（全23巻）の累計販売部数は800万部を超える。

『コウノドリ』が生まれるまで

もともと、短期連載で音楽系のマンガを描いていました。その読者アンケート投票が10位以内だったら連載が決まるはずでしたが、11位でした。出版社からは、「連載してもいいよ」と言っていただいたのですが、すごく頑張って描いた作品が11位でしたから、「これではもう人気取れないな、別のことを描こう」と決めました。その時に妻が「産婦人科を描いたら？」って言ってくれたんです。妻の幼なじみに産婦人科の先生がいて、彼女とは僕も仲が良かった。それで一度話を聞いてみたら、すごく描きたくなったんです。「僕が描かずに誰が描く」みたいな思い込みというか、「描かなきゃ」と思った。それが最初のきっかけでした。

編集者さんからは「音楽モノで」と言われていたので、産婦人科医でピアニスト、というキャラクターになりました。それも妻が「うちの息子を取り上げてくれた先生がピアニストだったよ。ピアニストの名刺もらったもん」って（笑）。

取材は話を聞くよりも「見る」

男性誌で出産モノの漫画なんてありませんでしたから、「ちょっとどうかな」という雰囲気もありましたが、僕はとにかくやりたかったので押し通しました。『コウノドリ』の最初の短期連載では、逆子の臍帯脱出からの帝王切開の話と無脳症の話を描きました。医者が何もできない話を描こうと思い、産婦人科医の彼女に相談したら「それなら無脳症かな」とアドバイスをもらったんです。

僕は何も知りませんでしたから、まず「どうして帝王切開になるのか」など、産婦人科の基礎から教えてもらいました。彼女の話を聞きに、毎週、横浜まで通いましたね。その後は、息子を取り上げてくれたピアニストの荻田和秀先生（りんくう総合医療センターの産科部長）のところに年2回ほど取材に行きました。取材の時は、どちらかというと話を聞くよりも、見る感じです。先生の顔や表情、看護師さんの顔とか動き。手術中の会話、お医者さん同士のやりとりとか。メモは編集の人が取ってくれていますし、症例的なものは後から聞けば確認できます。それより「どんな話し方をするのか」などを観察しています。新米のお医者さんだと指導医がつきますが、二人のやりとりを聞きながら、「こんなふうに言われたら僕なら傷つくな」と思うこともありましたよ（笑）。

患者の方、妊婦の方から話を聞いたことはないんです。その症例がもし自分だったら、僕の妻だったら、僕の友人だったらという想像で作り上げていきました。妊婦の方に話を聞いてしまうと、「この人のこと、ちゃんと描かなきゃ」と思ってしまいますし、あまりきつい話もできない。そうはしたくなかったんです。ですが、耳が聞こえない妊婦の方だけには話を聞きました。どんな出産になるのか、想像がつかなかったので。話を聞いたのはその方だけですね。

作品を通じて伝えたかったこと

僕は大きな病気をしたこともありませんし、医療ドラマも見ません。ですから医師というよりも、産婦人科の周産期医療が描きたかった。それは、息子の出産に立ち会った経験や、子育てで「あ、お父さんなのになんにも知らねえなあ」っていうことが度々あったことも影響しています。

出産にこんなにもたくさんの人が関わっているというのは、『コウノドリ』を描いてから知ったことです。何事もなければ、産科の先生と助産師さんにお世話になりますが、早産になってしまったりすれば新生児科の先生の担当になりますし、いろんな先生が新しい命を支えているんだなと改めて思いました。

描くシリーズによって、詳しい人を紹介してもらって、話を聞きに行きました。出生前診断のシリーズの時は宮城県立こども病院、新生児科の話では神奈川県立こども医療センターなど。病院に行っていろんな人を紹介してもらうと「あ、このシリーズこの人で描きたいな」とか「こういう雰囲気の先生、描きたいな」と浮かんでくるんです。そうして多くの人の力を借りて、描くことができたと思います。本当に皆さんに良くしてもらいました。

周産期医療の先生方は皆さん熱心で、熱い人たちでした。知ってほしいという思いや、情熱がある先生が多い気がします。出産なので、病気を診るというよりも、産まれた命を診るという意識が強いのかもしれないです。もちろん病気を治す他の科の先生もそうだと思うんですが、少しだけ違うように感じる部分がありました。

精神的に強くないと続けられない

取材して改めて思いますが、医師は大変な仕事だと思いますよ。立ちっぱなしで、割と動くし。手術もお産もあるし、何があるか分からない緊張感がある。僕が行った時にあったケースですが、3日前に産まれた子が重度の脳性麻痺になり、お母さんは亡くなってしまいました。お母さんは脳出血だったと思うんですが、死戦期帝王切開を行い、出産を終わらせた後、お母さんを助けようとしたがかなわず、子どもは脳性麻痺になってしまった。この時、「お医者さんは子どもを見ている旦那さんに何て声をかけるんだろう」と考えてしまいました。かける言葉なんてないけれど、あったことを淡々と事実として説明するしかない。とても大変な仕事だなと思いました。一方で、他の人のお産はあるし、切り替えなければいけない。「自分ならできないな」とか、いろんなものをその場で感じました。本当に医師ってタフだなと思います。

お産というのは、すごく幸せなものに向かっていくじゃないですか。それが突然バッと消えた時に、受け入れられないし、そんな状況を経験したら普通は折れてしまう。けれどもすぐ次には別の人もいて、対応しなければならない。それを産婦人科医である限り、続けていかなければならない。

ですから、お産から離れてしまう産婦人科の先生がいるのもすごく分かります。僕からしたら当然だなと思うし、逆に続けている先生はすごい。新生児科の先生も含めてですが、赤ちゃんの病気や、それに伴い命を亡くすということは大変なことです。子どもを亡くした両親を見るのもしんどいです。もちろん、いろいろなやりがいがあるとは思うんですが、精神的に強くないと続けられない。だから、かっこいいですよね、みんな。

医師という仕事を見てきて

　取材を通じていろんな医師と会うことができました。科によってタイプが違いますが、いろんな話をして、「医師も一人の人間なんだな」と思うようになりました。それまで僕はあまり病院に行くことがなかったですし、どちらかというと嫌いでした。ですが、取材が終わると、「宝塚に行くのが楽しみ、ファンなんです」と、宝塚の話をし出したら止まらない先生や、マンガ好きで「あのマンガ、これからどうなりますかね」なんて聞いてくれる先生などもいましたよ。聞かれても、僕、マンガ詳しくないいんですけど（笑）。

　医師の皆さんは、すごく正義感があってこの仕事を始めたんだと思います。ですが、正義感だけじゃできない仕事だとも思いました。まだ経験が浅くて、一生懸命な、「これから医師になって頑張るんだ」という人はすごく正義感が強くて、医師が考える適切な医療を選ばない人に対しての「なんでだ？」という気持ちが強い気がします。ですが、経験を積んだ医師は「そういうこともあるよね」と言える人たちという印象があります。

子どもの治療をどうするかという時に、10人中8人がこれをするべきだと思うことでも、2人ぐらい逆を選ぶ人がいます。「私はそれは選びません」と。医師としては違う選択のほうがいいと思っていても、「そっちを選ぶこともあるよね」とちゃんと患者さんの思いを尊重できる医師が、経験を重ねている人には多いような気がしています。多数派が言うこと、医者が言うことが正しいと決めつけない。そういう医師を見ると、「あ、すごいな。自分はこんな大人になれるかなあ」と思います。

ですから、経験を積んだ医師に診てもらいたいと思うのは、もちろん技術の面もありますが、それだけではない気がしています。手術の時は手順が決まっています。筋膜切って、とか、プラモデルを作るじゃないけど、やることが決まっている。手元は冷静に作業して、患者さんに対しては「心」を相手して、安心するようにやりとりをしていく感じかなと思います。病気が治ればいいし、赤ちゃんも無事に産まれたらいいですけれど、間違ったことをしていないのに赤ちゃんが亡くなる場合もあるわけです。そういうことの経験を積んでいって、どんな医師になるのか。そこが大事なような気がしますね。

病気ではなく「人」を診る医師に

これから医学部を目指す皆さんには、まずは勉強を頑張ってください、とお伝えしたいですね（笑）。勉強、大変そうですもん。僕は患者さんを診るわけではないので、漫画を描く時に、「あれ、これなんだったっけな」と調べて、「あ、あった、これだ」とやっていましたけれど、医師はそういうわけにはいかないじゃないですか。だから勉強をまず頑張ってもらいたい。そのうえで、人を相手にしなきゃいけない仕事ですからね。最終的にはちゃんと人を診られるお医者さんになってもらえたらいいなと思います。

僕が隠岐に取材に行った時に会った先生がいるんですが、その先生はもともと内科で、途中で「島でお産をとれるように」と産婦人科医になったそうです。赤ちゃんからお年寄りまで診ていきたい、極端な話、その子が産まれた時からおじいちゃんになって死ぬ時まで診たい、と考えているのですね。普通に考えると年齢的には自分のほうが先に死ぬんですが（笑）。ですが、そういう心づもりがあるんだな、と。そのお医者さんは人が診たいんだなと思いました。島の人たちも、その先生の技術がすごいというよりも、「この人に診てもらいたいんだ」という気持ちがあるのでしょうね。

そういうお医者さんが僕は好きなんです。だから、そういうお医者さんを目指しつつ、患者さんが安心できるように鍛えつつ頑張ってもらいたいです。大変でしょうけど、そうなってくれたらいいなと思います。

doctor

第三章
特別インタビュー②

おおたわ史絵

（法務省矯正局医師）

「真摯に取り組めば道は拓かれる」

おおたわ史絵（おおたわ・ふみえ）

法務局矯正局医師。筑波大学附属高校、東京女子医科大学医学部卒後、大学病院勤務、開業医を経て2018年より現職。テレビなどメディアでも活躍中。日本内科学会総合内科専門医。近著に薬物依存で亡くした実母との経験を綴った「母を捨てるということ」（朝日新聞出版）。

医学部合格はゴールではない

医学部を目指す生徒や保護者の皆さんにまず言いたいのは、医学部合格はゴールではなく、スタートだということ。国家試験に合格した後は研修医としての生活が新たに始まります。初期臨床研修の2年間が終了した後は、診療科を決め、更に3～7年をかけて専門医資格を目指すのが一般的です。

専門医となった後も、日々新しい論文や医学ニュースを読んで、情報を得ること、知らなかったことを知ること、をひたすら続けなければなりません。医学の道においては、勉強が果てしなく続くと思ってください。

私がこのような話をするのは、「成績がいいから」「社会的信頼」「収入の安定」などの理由で周囲のおとなから「医学部」をすすめられ、自分が本当に医師をやりたいかどうかがあやふやなまま、医学部に入る生徒が多い現実を見聞きしているからです。そのような気持ちでは医師になってもつらいことが多くなる。後の

人生に迷わないためにも、
「自分は本当に医師として生きていきたいのかどうか」
をよく見極めて、納得したうえで臨んでほしいのです。

理系科目が好きであることは絶対条件

冒頭から厳しいことを言いましたが、実は私自身、「何としても医師になりたい」という思いで医学部を受験したわけではありません。

では、なぜ医師になったのかと言えば、父が医師であり、東京の下町で診療所を営んでいたこと、母からの「医師になってほしい」という期待を子どもながらに感じていたからです。つまり、医学部以外の選択肢を考えにくい環境でした。

一方、私は小さい頃から動物が好きで、学校の科目では理系、特に生物や有機化学、数学が大好きでした。このため医学部の勉強には興味を持って取り組むことができました。

この「医学を好きかどうか、興味を持てるかどうか」は受験前に確認したほうがいい大きなポイントだと思います。医学部に入ると1年次から自然科学や基礎医学の講座が多数あり、それぞれの科目で頻繁にテストが課されます。興味がないとこうしたハードな勉強はつらいものです。

事実、医学部に入っても勉強する意欲が湧かずに留年を繰り返し、医師国家試験にも不合格となって最終的に医師になれなかった人も見てきました。そのような苦しい思いをしてほしくないのです。

医学部の授業の基礎となるのは高校の理系科目です。これらが本当に好きなのかどうか、「ドキドキ、ワクワク」するような分野があるかどうか、今一度、自分を振り返ってみましょう。

医師という仕事の責任の重さ

「医者にとって無知は犯罪である」

新人医師になったばかりの頃、上司に言われた言葉です。非常に重く、身の引き締まる思いでこの言葉を嚙みしめたことを記憶しています。

これは医師が無知というだけで患者は具合が悪くなるし、亡くなることもある。後から「あれを知っていれば助けられたのに」と言っても、もう遅い。「知らなかった」では許されない。そうならないように、医師は常に学び続けていかないといけないし、知識を得ることを続けていかないといけない、という意味です。

実際、患者さんを担当するようになると自分の決めた薬の処方が合っていたのか、処置、診断が正しかったのかが心配で、不安になります。

仕事が終われば器用に切り替えられる医師もたくさんいると思いますが、私はそうではなく、診療外の時間もこうした不安が頭から離れませんでした。これが「私には医師は向いていないな」と考えるようになった大きな理由です。

実は周囲にも、様々な理由で壁にぶちあたっていた仲間がいたように思います。例えば人とのコミュニケーションがとても苦手で、患者さんと目も合わせられない。問診をするのも大変で、患者さんも困っている様子が分かりましたし、私たちから見ても、気の毒なくらいでした。

こうした人は臨床医でなく、他の分野で働いたほうが幸せかもしれません。例えば基礎医学を中心とした研究医や厚生労働省の医系技官、保健所の公衆衛生医師など行政の仕事、製薬会社などの企業で能力を発揮することもできます。

医学部はあくまでも学び舎であって、人生はいろいろな道があってしかるべきです。医師を目指す人は臨床医以外にも様々な働き方があることを知り、学びと共に、自分に合う働き方はどのようなものか、よく考えてほしいと思います。


さて、臨床医をしてきた中での困難を語ってきましたが、私がこの仕事をしていてよかったと思うこともあります。それは医師だからこそ、「人の心を深く知ることができた」ということです。

人間は誰しも心に壁があって、内側を簡単に他人には見せないものです。しかし、おそらく、私が医師という職業であることの安心感から、患者さんはもちろん、仕事などで会う人も、弱いところや自分の嫌な部分を比較的、素直にさらけ出してくれます。人間関係は、互いに心を開くことがきっかけで深まりますから、これはとてもありがたいことでした。

50歳を過ぎて自分の居場所となる仕事に出会えた

医師に向いていないという気持ちを抱えながらも、自分で決めた道には責任を持ち、真摯に努めなければという一心でやってきました。自分に合う場所を探す中で、海外に行きたいと考えていた時期もありました。留学、あるいは国境なき医師団などの国際医療ボランティア団体で働きたいと思ったのです。しかし、結婚や親の介護、親の死などがあり、決定的なタイミングがないまま、時が過ぎてしまいました。

しかし、50歳を過ぎた今、ようやく、自分の居場所が見つかったような気がしています。それが2018年から従事している矯正医官の仕事です。

矯正医官は刑務所や少年院などの矯正施設内にある診療所や病院で、被収容者

（矯正施設の入所者）の健康診断を実施したり、病気の治療をしたりする医師です。施設の中で感染症が広がらないように対策をするなどの管理も担っています。

この仕事を知るきっかけは、偶然でした。その頃、私は亡くなった父の診療所を継ぎ、開業医として働いていました。しかし、15年くらいたって、父の代から勤めていた看護師と長年協力してくれた医師がそれぞれの事情で相次いで辞めることになり、迷った末に診療所を一度、閉じることにしました。

そんな折、ＥＸＩＬＥのＡＴＳＵＳＨＩさんが載っている矯正医官募集の広告を街中で見つけました。それまでまるで知らなかった世界なので、早速、ネットで調べたりしました。

そうした話を聞いた友人が、「矯正医官を募集しているから法務省の人に会ってみない？」と声をかけてくれました。

その後、現場に見学に行き担当者の方々に話をうかがい、「あぁ、自分が思っていた仕事に出会えた」と直感しました。

私の母は私が小さい頃から鎮痛剤の乱用をきっかけに、薬物依存に陥っていました。父と私は母を何とか依存症から回復させたいと、様々な手段を講じました。詳細は拙著、『母を捨てるということ』（朝日新聞出版）に書きましたが、結果的に母を救い出すことはできませんでした。こうしたこともあって、いずれは薬物依存症の人たちに関わりたいと漠然と思っていたのです。

病気の人が目の前にいたら、手をさしのべたいという気持ちは同じ

更にこの仕事が他の人よりも自分に向いていると思うのは、被収容者に対する差別意識が私にはほとんどないことです。もとから平等意識が強いのでしょう。もう一つはお金にあまり興味がないことでしょうか。父からは常に、「医者の仕事は稼ごうと思ったらだめ。稼ぎたかったら経済を学べ」と言われて育ちました。矯正医官の仕事は高収入とは言えません。医師として経済的に豊かになる働き方は、他にもっとたくさんあります。しかし、私にとって大事なのはそういうことではないのです。

現在は非常勤の医官として、数か所の矯正施設に勤めています。一日の勤務のおおよその流れですが、看護師資格を持つ刑務官が、受診を必要と判断した被収容者たちを診療室に連れてきてくれます。私は総合診療医として彼らを診察します。被収容者も人間、基礎疾患がある人もいれば、心筋梗塞やがんにもなる。そういう病気の人が目の前にいれば何とかしてあげたいと思うのは当然で、医師としての姿勢は矯正施設の外の患者さんへの対応と全く変わりません。

私にとってありがたいのは一般の外来で診療するのに比べ、施設の中では限られた人数を、時間をかけてじっくり診ることができるという点です。

外の患者さんは治療の途中で来なくなることは珍しくありませんが、施設内の患者さんはいつもそこにいるわけで、私は診断や投薬が正しかったかどうかをきちんと追跡、確認することができます。刑務官とのチーム体制でフォローできる点も安心で、以前のように「あの患者さんの治療は正しかったのだろうか」などと不安を感じることなく、仕事に取り組むことができるようになっています。

知り合いの中には、「刑務所で働くなんて、怖くないの？」という人もいます。

しかし、そのような不安は全くありません。私は人間は誰でも嘘をついたり、時には悪事を働いたりと様々な顔を持っていると思っています。つまり、外の人間も中の人間も本質は同じ。凶器も持たず、常に刑務官が同席している被収容者のほうがむしろ、安全だと感じるのです。

被収容者に「笑いの健康体操」を指導

施設では通常の診療以外に、「笑いの健康体操」を指導しています。日本笑いヨガ協会の高田佳子さんや福島県立医科大学の大平哲也先生が広めた体操で、笑いながらからだを動かすものですが、ストレスが下がり、作業効率がアップする他、血糖値や血圧の改善につながるという研究データが報告されています。

従来の矯正施設は笑ったり、大声を出したりすることが制限されてきましたが、こうした場所でこそ精神面に有効ではないかと思っています。再犯防止への効果についても検証をしていきたいと考えています。

このように、私が医師として葛藤しながらも、こうして自分に合う場所にいざなわれたことは、偶然ではありません。経験をつなぎ合わせた結果です。「真摯に取り組めば道は拓かれる」ことを確信しています。

私の話が未来ある読者の皆さんの参考になれば、幸いです。

doctor

第四章
特別インタビュー③

石見 陽

（メドピア代表取締役社長CEO・医師・医学博士）

「医師が国民の『より良く生きる』に寄り添う時代に」

石見 陽（いわみ・よう）

メドピア株式会社　代表取締役社長CEO。医師・医学博士。信州大学医学部卒業後、東京女子医科大学病院循環器内科に入局。専門は血管再生医学。2004年にメドピアの前身であるメディカル・オブリージュを設立。現在も週に１回、診療を続けながら、メドピア代表として活躍している。

医師を目指す皆さんに伝えたいこと

私は医師であり、メドピア株式会社の代表取締役をしています。当社の中核事業の一つは、医師・医学生が無料で参加できる医師・医学生専用のコミュニティサイト、「ＭｅｄＰｅｅｒ」です。

日常の診療や投薬など医療関連の情報が共有でき、現在、約14万人（医師の３人に１人）が登録しています。

この「ＭｅｄＰｅｅｒ」を中心とした「集合知プラットフォーム」事業に加え、薬局やクリニックなどの医療機関と患者さんを繋げる「プライマリケアプラットフォーム」、病院の退院調整業務をサポートする「介護支援プラットフォーム」、コンシューマー向けに健康増進・予防などのヘルスケア支援をする「予防医療プラットフォーム」の、４事業に取り組んでいます。

「なぜ医師なのに起業家になったのですか？」

と疑問をもたれるかもしれませんが、私は医師だからこそ起業を決めました。日本の医療は世界トップレベルといわれますが、患者さんと医師の関係など、医療をとりまく環境にはたくさんの課題があります。新型コロナウイルス感染症の流行で医療が逼迫し、入院が必要な人の多くが自宅療養を余儀なくされたことも、日本の医療の課題の一つです。

起業をし、こうした課題を克服する仕組みを作ることで間接的にではありますが、一億数千万人の日本人の健康に寄与することができると私は考えたのです。

私のように医師免許を持ちながら、医師の知識や経験を生かして起業をするケースは近年増えています。皆さんが医師になる頃には臨床医以外にも様々な形で働き方が選べるようになることでしょう。

そこで、ここでは皆さんの参考になればと私のキャリア、具体的にはメドピアを起業した経緯やメドピアの事業内容を紹介すると共に、日本の医療の課題、これから医師を目指す皆さんへのアドバイスをお話ししたいと思います。

カルテ改ざん事件をきっかけに起業を決意

私は1999年に信州大学医学部を卒業し、東京女子医科大学病院の循環器内科に入局しました。心臓カテーテルを学び、臨床経験を積んで大学院に進み、博士号を取得しようと考えていたのです。ところが大学院に進学した矢先の2001年、大学病院内で「カルテ改ざん事件」が起きました。保護者世代にはご記憶の方も多いと思います。

カルテ改ざん事件は医師が心臓手術の医療事故で患者さんが死亡した事を隠匿するために行ったもので、これをきっかけに世の中には医療不信の空気が一気に広がっていきました。

しかし、私の心中は複雑でした。自分自身も含め、知り合いや同僚の医師たちは朝から晩まで、土日もなく、寝ないで働いている。皆、体調を崩すのも厭わず、「患者さんを助けたい」と真面目に仕事に取り組んでいました。ところが世間では医療不信が増大していき、医師たちはこのことにとても苦しんでいました。

一人の医師を養成するのに約1億円かかるといわれ、医学部には多くの公的資金が投入されています。医療不信が続くことは、公的な存在である医師を国民が有効活用できていないという言い方もできます。私は、この医師と患者さんの分断を埋めたい、と考えるようになりました。

事件のことがあって勤務先の病院は患者さんが急激に減り、時間的には余裕ができました。私は新たな世界を知りたくなり、研究の合間を縫って、医師以外の人と話す機会も持つことができる異業種交流会にも積極的に出かけました。交流会では起業をしている人はもちろん、「誰もやっていない、何か新しいことに挑戦したい」という意欲的な人が多く、私はとても刺激を受けました。現在の仕事にはその時知り合った仲間も多く関わってくれています。

起業した2004年は医療訴訟件数が過去最高に達した年

会社を立ち上げた2004年は奇しくも日本国内において「医療訴訟」の件数

が過去最高に達した年でした。最初はサイドビジネスとして取り組んでいましたが、２００７年頃には本格的に経営に注力することを決意します。

それは現在の「ＭｅｄＰｅｅｒ」の前身であるコミュニティサイト「ＮｅｘｔＤｏｃｔｏｒｓ」をオープンできたことがきっかけです。

当時はＳＮＳが盛り上がり、運営会社の東証マザーズへの上場が話題になっていました。そこで医師限定版コミュニティサイトをやろうとひらめいたのです。

医療不信を解消するためには医師の考えを世の中に発信していく必要があると考えていました。そのためにはまず、医師一人ひとりが何をどう考えているのかを知る必要があり、コミュニティサイトを使って生の声を集約できるサービスは最適だと思いました。

また、自分の経験から、医師は孤独な職業だと感じていました。皆さんは医師というと大学病院のような大きな施設で働いている姿をイメージすると思いますが、実際には小規模病院やクリニックで、孤軍奮闘している医師もたくさんいるのです。

また、人数の多い大病院であっても科を越えて診断や治療に関する疑問や悩みを気軽には聞きづらいという現状がありました。そうした医師が自由に情報交換をしたり、悩みを打ち明けたりする場があればと考えました。それをインターネットなら実現できるのではないか、と。自分もこうしたサイトがあったら絶対に入りたい、という思いがありましたし、自分がやらなくても、いずれ誰かがやるだろうと考えていました。

医療不信によって医師の中で閉塞感がうずまいていた状況で、医師が時間や場所を越えてつながることで不安な気持ち、患者さんへの対応の難しさなどの悩みを吐露できる。そうしたことで生き生きと仕事ができるようになれば、これは結果的に患者さんの利益にもつながると考えたのです。

自分が死んでもこのサービスを残すために会社組織にこだわる

私自身、大学時代からコンピューターにはまり、ＩＴにもある程度、詳しかったのですが、技術面は素人です。そこでＩＴに詳しい他の業界の仲間たちと組んで、サイトを作っていきました。

通常の掲示板のようにスレッドを立てたり、スレッドにコメントを付けられるだけでなく、気の合う仲間でコミュニティを作ったり、情報を共有したり、様々な機能を備え、臨床からキャリアまで、多様なテーマで医師同士が経験や知識を共有できるようにしていきました。

「コミュニティサイトだけなら会社を立ち上げる必要はないのでは？」

と言われることもありました。

しかし、私はあえて会社組織でこのサイトを立ち上げることにこだわりました。個人やＮＰＯ法人で行った場合、私が死んだらサービスが終わってしまう可能性が高いからです。会社組織にすることでサービスは残り、良いものであれば誰かが投資をするなど、継続することができる。

とはいえ、私は医師を捨てて起業を選んだのではありません。繰り返しになりますが、医師だからこそ、この仕事を選択しようと決意したのです。

医師の仕事は、身に付けた専門知識と技術によって人々の健康を守ることです。この点では、臨床医として患者を診ることが一番に求められることでしょう。一方、医療の課題を見つけ、その仕組みを変えていくことも間接的ですが、人々の健康を守ることにつながります。たとえ形は違っていても、目指すものは同じなのです。

厚生労働省の医系技官も医師免許や歯科医師免許を持っていますが、彼らは国の医療システムを作ることで日本国民の健康に貢献しようとしています。彼らが官の立場だとしたら私は民間の立場として、貢献したいと思ったのです。

学会に自ら足を運び、PR

とはいえ、最初からうまくいったわけではありません。

コミュニティサイトを運営する場合に最大の課題になるのが、いかに多くの会員に入ってもらうかです。いくら無料のサイトとはいえ、医師はそもそも個人情報を明かすことに慎重な人が多く、気軽に会員登録をしてはくれません。せっかくサイトができても、足踏み状態です。そこで私は自ら学会に出向き、商業スペースのブースで医師をつかまえてはちらしを配り、勧誘しました。

「治療に関する疑問などが気軽に相談できるサイトがあったら、便利だと思いませんか?」

医師であることを伝え、サイトを作った背景や理由を理念と共に伝えると、

「それはいいですね」

「そういうサービスが欲しかった」

と多くの医師が共感してくれました。

直接、話した医師の95%は何とその場で登録をしてくれました。初期の会員約7000人のうち約5000人はそのほとんどがこうして対面の勧誘で入会してくれたメンバーです。

コミュニティサイトでは、「健全性」が課題になりますが、このように、初期の段階では対面で入会してもらったことや、診療科や勤務形態に偏らず、様々な

医師に入ってもらうことを徹底するなど、サイト内の環境作りに時間をかけたこともあって、この点に関する大きな問題は現在に至るまで発生していません。また、医師かどうかのチェックは自己申請でなく、医師免許を画像で送ってもらい、更に勤務先に直接、電話をして認証を取ることもしています。

サイト内には実名を出すところもあれば匿名のサービスもあります。

医師の質問に対して複数のアンサーが出て議論が白熱することもありますが、いわゆる「炎上」はほとんどありません。運営側である我々が議論を抑えているわけではありません。多様な意見はあるほうがいいので、建設的なやりとりであれば止めることもありません。議論を終わらせるタイミングなど、最終判断は患者さんに関わっている主治医（質問者）が行うルールになっています。

おかげさまで、サイトの登録者数は右肩上がりで、それに伴って業績も伸びていきました。２０１４年６月、東証マザーズ市場に上場することができましたが、「現役医師兼経営者」として、史上初のことでした（２０２０年９月には東証第一部へ上場市場を変更しています）。

現在、サイト内には会員同士が臨床をテーマに医師同士で相談する「FORUM Q&A臨床」、それぞれの病気の専門家に相談をする「症例相談」、会員同士が実名で症例を検討する「症例検討会」、薬剤の処方実感を共有する「薬剤評価掲示板」などがあります。

この中で、現在、最も盛り上がっているのが、「薬剤評価掲示板」です。これは医師が患者さんに処方した薬の効果やコストパフォーマンス、どんな人に副作用が出たかやその頻度、重篤度、処方の匙加減や使い方のポイントを投稿できるようになっていて、その結果をグラフやコメントなどで共有できます。

従来、薬の情報は製薬会社から提供されています。しかし、現場で実際に投与した場合、提示されていた通りの効果が得られない患者さんがいたり、副作用が出ることもあります。

こうしたことから、医師は目の前の患者さんに処方する際、不安を感じることが少なくないのです。そうした時にこの薬剤に関する医師のナレッジを集積したデータベースが参考になり、多くの医師に評価してもらっています。

サイトの会員は理想の医療を実現するパートナー

こうした医療従事者向けのサイトは他にもありますが、他社にはない当社ならではのこだわりは、たくさんあります。

そのうちの一つは、

「医師との距離感を大事にしていること」

です。

メドピアは医師と同じ目線で人を救うことをＭｉｓｓｉｏｎ（存在意義）としており、「Supporting Doctors, Helping Patients（医師を支援すること。そして患者を救うこと）」を経営理念として掲げています。

メドピアを立ち上げたきっかけが、自身が医師として抱いていた医療業界の課題を克服したいと思っていたことでした。だからこそ、私はサイトに登録してくれている医師は顧客というよりも、共に理念を実現し、理想の医療を創造するパートナーと考えているのです。これからもメンバーやメドピアの事業に関わってくれている多くの医師と共に、より良い医療を考え、創っていきたいと思っています。

なお、サイトは医師だけでなく、医学部生も登録可能です。サイト内では医学生自らが臨床現場について質問する場面は少ないかもしれません。しかし、現場の医師のやりとりは、将来医師になる皆さんの参考になることがたくさんあると思います。興味のある学生さんには、ぜひ、閲覧してほしいと思います。

また、2021年8月、メドピアは医学部の学習を支援するWEBサービス、「みんコレ!」の事業を譲り受けました。

医学生の皆さんは「みんコレ!」を知っている人が多いでしょう。

あらためて紹介すると、医師国家試験当日に受験生が自分の解答をサイト内に入力することで、正解データを予測し、高精度な自己採点を行うことができるサービスです。2017年のサービス開始以降、毎年、多くの医学生が利用しており、これまでの会員数は累計約1万7000人になります。

事業の譲り受けに伴い、今後は「みんコレ」の会員が医師になった際、自動的に「MedPeer」のサイトに移行できるようになりました。

これからの医療業界と課題

日本では新型コロナウイルス感染症の流行が現在まで続き、多くの医師が戦地に向かうがごとく、コロナの最前線で戦っています。コロナの流行によってこれまで定期的に行われていた医師の勉強会や症例検討会の開催ができなくなり、一部はオンラインなどで実施されてはいますが、情報を得る学びの場が減っていることは事実です。

実際、こうした学びの場を主催し、講師を担ってくれるような医師は全てにおいて熱意があり、何らかの形でコロナ対策にも従事している人が多く、そうした意味では教育をする側のマンパワーも不足しています。

こうした背景から社会だけでなく、医療業界のためにも、まずはコロナを収束させることが最優先の課題であることは間違いありません。

コロナ後の医療業界がどうなるかというご質問に対しては、コロナ前に戻ることがないのは確実です。むしろ、コロナをきっかけに変化したものが、いい意味で継続、発展していくと思います。

オンライン診療はその一つです。これはかつて遠隔診療と言われていたもので、医療資源が十分でない僻地で必要とされることを前提にして研究、実施されていました。このため、広く知られてはいませんでしたが、今回、コロナ禍の中でその必要性が一気に高まりました。患者さんからのニーズが増えたこともあります。私共でも、医療機関が簡便にオンライン診療を導入することができるよう、オンライン診療ツールやオンライン服薬指導ツールの提供を行いました。

今後は①外来②入院③訪問診療、の次の第四の診療手段として④オンライン診療、が当たり前のようになっていくのではないでしょうか。

医師のスタイルもコロナをきっかけに、大きく変わるでしょう。というよりも変わらないといけないのです。具体的には医師が積極的に外へ、社会へ出ていく時代になっていくべきと考えます。

なぜなら、今回、コロナと直接関わりのない科の医師たちはその多くが患者さんの受診控えにより、診察室に人が来ないという、これまでにない経験をしました。

「ただ、待っているだけでは、患者さんは来ない」

ということを痛感した医師は多いと思います。

一方で、医療の逼迫により、都市部を中心に、コロナで自宅療養を余儀なくされる患者さんが増え、往診のニーズが急増しました。

患者さんの自宅に医師が出向く光景が普通になり、そこで、医師と患者の距離がグンと縮まる様子を私たちはメディアなどを通じて、目の当たりにしました。

医師たちはこのような中で、

「患者さんのために医師ができることは何か」

ということをあらためて考え、医療の基本に立ち返ることができたと思います。

こうした感染症のパンデミックでは、医師がマンパワーを発揮しなければ、社会を救えません。このことは医師の熱意に火をつけ、医療業界を奮い立たせるきっかけとなったのではないでしょうか。

医師が国民の「より良く生きる」に寄り添う時代に

かつて、医師の研究が基礎研究に偏っていた時代があり、「もっと患者の役に立つ研究に取り組むべき」という批判から、「bench to bedside」ということがさかんに言われました。しかし、これからは、「Bedside to community」の時代に入ってきたと思います。

「医師は診察室から出て、もっと社会と向き合うべき」ということですね。

なぜ「Bedside to community」が必要なのか。それはこれからの社会では、予防医学や介護、終末期医療の分野に医師が介入することが求められるからです。

現在、これらの分野はいずれも医師が不足しています。なぜなら、医師は病気を治すことに魅力を感じており、そうでない領域には目を背けがちだからです。病院でも患者さんが退院すればそれを治療のゴールととらえがちです。

しかし、重い病気や高齢の患者さんなどでは、生活や社会復帰のサポートなど、退院後のほうがむしろ、医療の介入を含めた様々なケアが必要なことが多いのです。

また、予防について言えば、今は、医師が相談にのってくれるということはあまりありませんが、患者さんの側からすれば、日頃、どんな運動や食生活をすれば健康でいられるかといったことを、身体の専門家である医師に指導してほしいのが本音です。

より良く生きるという視点で考えれば、人の一生をトータルで医師が診るのが理想です。今は予防・治療・介護・終末期という各ステージがつながっていませんが、このような分断がなくなり、医師が全ての段階で介入し、トータルヘルスケアの専門家として国民の健康を守る時代が期待されていますし、そうあるべきだと考えます。

これから医学部に入る若い世代には、こうした未開拓の分野にも広く興味を持ってほしいですし、どうすれば、人々がより健康になれるかという視点を持ってほしいと思うのです。

当然、私たちも事業としてこの課題に取り組んでいかなければならないと考えています。

すでに実践している事業は、「予防医療プラットフォーム事業」の中の「ｆｉｒｓｔ ｃａｌｌ」というサービスです。これは個人会員の方がスマートフォンやパソコンから医師に健康相談ができるものです。日常における健康関連のちょっとした疑問や悩みについて、専門医がチャット形式か、あるいは専用のテレビ電話で応じます。

企業に対しては当社と契約している産業医を派遣する他、従業員の健診結果をデータ化し、オンラインで一元管理することができるシステムの提供、オンラインでのストレスチェックなども実施しています。

労働者の健康を守ることは、企業はもちろん、社会や経済の発展にとって非常に大切なもので、これからは予防医学に精通した産業医の力が、ますます必要になってくると思います。

これから医師を目指す人に向けて

医師はハードワークですが、やりがいがあるすばらしい職業だと思います。また、繰り返しになりますが、今は臨床医としてだけでなく、起業、医系技官など様々な形で働くことができます。医師を本気で目指す人にはぜひ、頑張って夢をかなえてほしいと思います。

「医師の適性は何ですか？」

と聞かれることがありますが、私は、最も大事なのは「コミュニケーション能力」だと思います。

これからの医師は患者さんやご家族、医療従事者との関わりにとどまらず、様々な分野の人々と関わる機会が増えます。

例えばコロナのような感染症は人の動きと密接に関わる病気であり、病院内で完結するものではありません。社会全体として取り組む必要があり、医師だけでなく、経済学的な見地からの正しさも知った上で、予防、治療をどう効果的に行っていくか、といったことについて、各分野の専門家と意見を交わさなければならないこともあります。

では、コミュニケーションスキルをアップするにはどうすれば良いのでしょうか。その一つは、「異質なものを受け入れる」ということでしょう。高校生であれば、自分と異なる分野の人と交流したり、違う意見を持つ人と話す機会を作ることでもいいと思います。

なお、医師を目指すにあたって、一つだけ心に留めてほしいことがあります。それは医師の仕事の目的は社会貢献だということです。医師になることはこの目的を達成するための手段にすぎません。

だからこそ、医学部に入ったら終わりではなく、そこがスタートラインです。自分がどうすれば医師として社会貢献できるのか、そのためにはどのようなことを学べばいいのか、様々なことを考えながら、前向きに、自分の可能性を信じて、そこから一歩を踏み出してほしい。皆さんの未来を応援しています。

doctor

第五章

坂本友寛

「医師になるということ」

医学部に合格するために知っておくべきこと

医学部入試は「落とす試験」

ここまで順天堂大学医学部特任教授の天野篤先生との対談の他、メドピア石見陽代表や、また医師でありコメンテーターでもあるおおたわ史絵先生、漫画『コウノドリ』の作者である鈴ノ木ユウ先生に、医師という存在について、その仕事のやりがいやすばらしさ、そして大変さも含め、多くのことを語っていただきました。

医療の現場に精通され、なおかつその第一線で活躍されているスペシャリストの皆さんのひと言ひと言は、これから医師を目指す多くの人たちにとっての刺激となり、また今後につながるかけがえのないものになったのではないかと思います。

ここからは、医師になるための最初の関門にして難関である医学部受験を、長年多くの生徒たちと一緒に突破してきた実績や経験を踏まえ、医学部に合格するためのポイントやその攻略法について、詳しくお伝えしていきます。

合格には受験生本人の頑張りは当然として、お父さんやお母さんを含むご家族の方々の様々なサポートも必要です。ある意味で、生徒本人以上に悩み、また戦っているのが保護者の方々だと思います。

これまで医学部を目指すお子様をお持ちのたくさんの保護者の皆様と縁を持ち、一緒に戦ってきた経験を踏まえ、私たちが現場で見てきたことや感じたことなども、保護者様目線でお伝えして参ります。その上で、医学部を目指す子を持つ保護者としての心構えや、これから何をどう準備すべきかなども、これまでの経験を生かし可能な限りお伝えしたいと思います。

これからの大きな目標である医師免許を取得し、医師として活躍していくためには、今後待ち受けるたくさんの試験を乗り越え、突破していかなければなりません。

その一つが今回のテーマである医学部入試です。医師になるためには、まず医学部入試を突破し、学年毎の進級試験を乗り越え、そして卒業試験をクリアした上で、医師国家試験に合格しなければ医師になることはできません。一つひとつの試験が、医師になるために全て大事なものであり、例えば進級試験に落第して留年を繰り返せば、大学側から〝放校〟や〝除籍〟処分が下され、自分の意志とは関係なく大学を退学せざるをえなくなってしまいます。

しかし、医師になるための大事な試験の中で、実は医学部入試は、他の試験と決定的に違うところがあります。それは、他の試験は、規定の合格点さえ取れば落とされるということはまずありませんが、医学部入試だけは募集定員が決まっている関係で、募集定員に入れなかった者は不合格となる、つまり「落とす試験」になるということです。

仮にいくら点数を取ったとしても、周りの多くの受験生がそれ以上の点数を取り、募集定員が埋まってしまうと自分ではできたと思ったとしても、不合格になってしまいます。但し、これは逆のことも言え、自分があまりできていなくても、またできている感じがしない場合でも、仮に周りの受験生が自分よりも、もっと点が取れていなければ合格になるケースも出てきます。いずれにしても自分自身がしっかり勉強を頑張り、知識を積み上げていくだけでは不十分で、周りとの競争や戦いに勝たなければ合格できないのが医学部入試なのです。

以前、富士学院出身で現在外科医として活躍しているあるＯＢが、〝もう医師になってずいぶん経っているのに、未だに医学部受験の夢を見てうなされることがあります〟と語ってくれたことがあります。合格倍率の高さもあり、いくら頑張っても、いくら努力しても合格が保証されないのが、医学部受験の難しさであり大変さでもあります。まず医学部入試は他の試験とは全く違うということを理解することが必要です。

医学部合格はゴールではない

もう一つ、医学部入試は同じ入試の中でも、他学部入試とは全く違う側面があります。それは、医学部入試は医師になる人を選抜する試験であり、ある意味で就職試験だということです。

他学部のほとんどの場合においては、大学に入ってから自身の将来についていろいろと考え、またそのための行動を起こしていきます。そういう意味では、自身の将来についての選択肢を広げる意味と、その選択を可能にするために、俗にいう有名な大学や人気の高い大学に入学することは、一つの大きな目標として尤もなことです。

一方、医学部入試に関しては、医師になるために入学する訳で、大学に入ることと自体が本来の目標ではありません。しかし医学部を目指して浪人年数が長くなる多浪生の一部には、医学部に合格することそのものが大きな目標となってしまうケースが多々あります。そうなると合格を果たし、目標を達成することで燃え尽き症候群になり、入学してから始まる医師になるための大事な講義や学習に前向きに取り組めないケースが出てきます。せっかく医学部に入学しても留年したり、またそれが続くと大学を放校や除籍になったりすることもあるのです。「医学部合格はゴールではなく、医師になるためのスタート」です。医学部に合格できたことは、あくまでもそのスタートラインに立っただけであり、ここからが医師になるための本当の勉強が始まるということを、ぜひ肝に銘じてほしいと思います。

医学部受験は他学部受験とは根本的に違うことをここまでお話ししてきましたが、皆さんの医学部受験に関するイメージはどんなものですか？　まず高い合格倍率を含めて〝難関〟のイメージがあり、合格のためには相当の学力が必要だと思っている人が多いのではないでしょうか？　もちろん人の命と向き合う〝医師〟になる人を選抜する試験なので、医師として活躍していく上で多くの知識が必要であり、その知識を修得する上での学力は当然必要となります。

問題は、どのくらいの学力が必要なのかということです。答えを先に言うと、基本的な学力は当然必要ですが、おそらくは皆さんが想像しているような特別に高い学力は必要ないと思っています。

大学によってはより多くの知識や高い学力がなければ合格できない大学もありますが、多くの大学で出題される入試問題は、難問・奇問というよりは基本的な学力を問う問題がほとんどで、大学としても必要以上に高い学力を求めている訳ではないことが分かります。また合格には満点を取る必要はなく、大学毎に違う合格最低点さえクリアできれば合格を勝ち取ることができます。

例えば大学によっては合格最低点が約5割の大学があります。この大学であれば半分近く間違ったとしても、医学部に合格することができるのです。もっと言うと、大学入学時の成績と入学後の成績には相関性がほとんどなく、入学後の医師になるための勉強と入学試験のための勉強は全く別物だと言われています。

医学部を目指す上で知っておくべき知識

医学部入試はあくまでも医師になるためのスタートラインに立つための試験であり、極端に言えば首席で合格しても、補欠で最後の一人として合格しても、スタートラインは全く同じということになります。大事なのは医学部に入学してからであり、入学後の勉強をどう頑張るのかで、今後の未来が決まってくるのです。

このように一般的にはあまり知られていないことや、これまであまり意識していなかったことで、実は医学部を目指す上で知っておいた方が良い知識や情報はたくさんあります。ここでは、合格のポイントやその攻略法をお伝えする前に医学部を目指す上で知っておくべき知識や、知っておくと得になるような情報について少しまとめてみたいと思います。

先ほど、医学部入試は必要以上に高い学力は必要がないというお話をしましたが、逆に高い学力があったとしても、それだけでは合格できないのも医学部入試の大きな特徴の一つです。ここに全国模試の偏差値帯による合格分布のデータがあります。

この分布表を見ると、偏差値が高くても不合格になっている受験生がいる反面、偏差値が低くても合格している受験生がいることが分かります。東大理Ⅰの合否分布表を見て分かる通り、他学部の場合には、ほとんど偏差値通りの合否グラフの結果が出ているのに対し、医学部だけは偏差値通りではなく、バラつきのある結果になっています。

これには様々な要因がありますが、一つには合否を判断する材料が学力試験だけではなく、面接試験や大学によっては小論文試験が課せられるということが挙げられます。そしてもう一つの要因は、大学毎に入試問題の難易度や出題の形式や範囲、また科目毎に配点や出題の傾向が違うため、大学と受験生本人との相性というものが出てくることです。

全国模試の偏差値帯による合格分布表（富士学院調べ）

横浜市立大学 ／ 一般・前期（2021年度入試合否分布）

偏差値	合	否	合計	合格率	偏差値	合	否	合計	合格率
85					67		4	4	0%
84		1	1	0%	66		3	3	0%
83					65		2	2	0%
82		1	1	0%	64	1		1	100%
81					63	1	1	2	50.0%
80					62		1	1	0%
79	1		1	100%	61		1	1	0%
78	3		3	100%	60	1		1	100%
77		2	2	0%	59		1	1	0%
76	3	2	5	60.0%	58				
75	2		2	100%	57				
74	7	1	8	87.5%	56				
73	4		4	100%	55		1	1	0%
72	3	2	5	60.0%	54				
71	1	4	5	20.0%	53		1	1	0%
70	3		3	100%	52				
69	1	1	2	50.0%	51				
68		2	2	0%	50				

順天堂大学（A方式）（2021年度入試合否分布）

偏差値	合	否	合計	合格率	偏差値	合	否	合計	合格率
85	2	3	5	40.0%	67	2	26	28	7.1%
84		1	1		66	3	44	47	6.4%
83	2		2	100%	65	3	25	28	10.7%
82	2	2	4	50.0%	64	1	30	31	3.2%
81	2	2	4	50.0%	63		24	24	
80	3	3	6	50.0%	62	1	32	33	3.0%
79	9	4	13	69.2%	61		26	26	
78	5	6	11	45.5%	60		16	16	
77	16	14	30	53.3%	59		13	13	
76	7	14	21	33.3%	58		18	18	
75	12	17	29	41.4%	57	1	20	21	4.8%
74	7	13	20	35.0%	56	1	17	18	5.6%
73	7	25	32	21.9%	55		13	13	
72	7	19	26	26.9%	54		12	12	
71	7	28	35	20.0%	53		11	11	
70	6	14	20	30.0%	52		13	13	
69	7	36	43	16.3%	51		9	9	
68	3	23	26	11.5%	50		10	10	

日本大学(A方式) (2021年度入試合否分布)

偏差値	合	否	合計	合格率	偏差値	合	否	合計	合格率
85					67	7	15	22	31.8%
84					66	4	22	26	15.4%
83					65	5	26	31	16.1%
82		1	1		64	4	22	26	15.4%
81		1	1		63	6	19	25	24.0%
80	1	1	2	50.0%	62	1	19	20	5.0%
79					61	1	21	22	4.5%
78	1	2	3	33.3%	60	2	18	20	10.0%
77	2	1	3	66.7%	59		25	25	
76	3		3	100%	58		12	12	
75	1	5	6	16.7%	57		18	18	
74	2	6	8	25.0%	56		29	29	
73	5	2	7	71.4%	55		32	32	
72	2	8	10	20.0%	54		19	19	
71	4	6	10	40.0%	53	1	14	15	6.7%
70	7	9	16	43.8%	52	1	9	10	10.0%
69	6	12	18	33.3%	51	1	14	15	6.7%
68	7	6	13	53.8%	50	1	19	20	5.0%

大阪医科薬科大学／一般・前期 (2021年度入試合否分布)

偏差値	合	否	合計	合格率	偏差値	合	否	合計	合格率
85	1	1	2	50.0%	67	1	15	16	6.3%
84					66	1	11	12	8.3%
83	1		1	100%	65	1	10	11	9.1%
82	1	1	2	50.0%	64	2	26	28	7.1%
81	4	1	5	80.0%	63	2	12	14	14.3%
80	1	1	2	50.0%	62	1	14	15	6.7%
79	7	1	8	87.5%	61	1	10	11	9.1%
78	5	2	7	71.4%	60	1	8	9	11.1%
77	4	5	9	44.4%	59	4	10	14	28.6%
76	6	7	13	46.2%	58		11	11	
75	5	4	9	55.6%	57		13	13	
74	5	5	10	50.0%	56		9	9	
73	10	8	18	55.6%	55		12	12	
72	6	8	14	42.9%	54		6	6	
71	4	6	10	40.0%	53		9	9	
70	9	12	21	42.9%	52		9	9	
69	4	5	9	44.4%	51	1	2	3	33.3%
68	5	13	18	27.8%	50		7	7	

【比較】東京大学　理科Ⅰ類／一般・前期（入試合否分布）

偏差値	合	否	合計	合格率	偏差値	合	否	合計	合格率
85	76	6	82	92.6%	67	4	56	60	6.7%
84	50	10	60	83.3%	68	2	31	33	6.1%
83	32	8	40	80.0%	65	2	38	40	5.0%
82	50	14	64	78.1%	64		22	22	0.0%
81	56	27	83	67.5%	63		23	23	0.0%
80	58	31	89	65.2%	62		14	14	0.0%
79	57	42	99	57.6%	61		13	13	0.0%
78	66	42	108	61.1%	60		12	12	0.0%
77	41	56	97	42.3%	59		10	10	0.0%
76	51	53	104	49.0%	58		9	9	0.0%
75	30	67	97	30.9%	57		7	7	0.0%
74	36	85	121	29.7%	56		6	6	0.0%
73	18	82	100	18.0%	55		3	3	0.0%
72	12	64	76	15.8%	54		3	3	0.0%
71	15	71	86	17.4%	53		3	3	0.0%
70	8	74	82	9.8%	52		3	3	0.0%
69	7	63	70	10.0%	51		2	2	0.0%
68	8	54	62	12.9%	50		1	1	0.0%

いくら全国模試の偏差値が高くても、あるいは学校の勉強ができているといっても、大学との相性が良くなければ不合格になるケースがあるということです。実際に全国模試の判定がA判定なのに、その大学が不合格になるケースはよくあります。これらの判定には、大学毎の出題傾向や、面接や小論文試験などの要素が含まれておらず、判定結果は、一つの参考程度にしかならないのです。

後で詳しくお伝えしますが、合格を勝ち取る一つのポイントは、どこの大学を受験するのかという、出願先の選定です。この出願先との相性で実は合否が大きく分かれます。特に国公立の場合には、基本的には前期日程、後期日程の二つの大学にしか出願ができないため、出願先を間違えてしまうといくら学力があっても不合格になってしまいます。また私立では、受験日程が合えば複数大学の受験が可能となりますが、同日の試験は当然一校しか受験できないことや、その後の二次試験との日程も絡んでくることなどから、やはりどこに出願するのかで合否が分かれることになります。

自身に合った出願先を選定するのが合格への第一歩

大学との相性がいかに合否に大きく影響するのか、一つの例として私立の帝京大学医学部医学科に正規合格を果たした富士学院OB生の話をします。このOB生は帝京大学以外にも私立大学を複数受験しましたが、1大学を除き受験をしたほぼ全ての大学で一次合格を果たすことができませんでした。しかしその生徒が何と帝京大学医学部に首席で合格を果たしたのです。

帝京大学は3日間受験日が設定されている関係もあって、私立医学部の中でも受験者が一番多い大学になります。その中で他の大学には一次合格さえ果たしていないOB生がトップの成績で合格することができたのです。まさに〝相性〟が良かったと言うしか考えられない結果です。他にも偏差値レベルの低い大学に落ちて、その大学よりも偏差値レベルの高い大学に合格するケースはよくあります。

このように、大学の偏差値レベルとは別に自身に一番合った出願先を選定していくことは合格への第一歩であり、その出願先を選定していくためにも、大学毎の出題傾向を始め最新の入試情報の取得は必須であり、このことはまさしく合否に大きく影響を及ぼしてくることになります。

次の知っておくべき情報は、理系科目が中心の医学部受験において、実は文系科目の英語力と国語力がとても大事であるということです。

英語力は医学部で学ぶ上で、また医師として活躍していく上でも、重要かつ必要なスキルとなります。海外の最新の医療情報や論文は当然全て英文で書かれており、英語が読めないとその情報を得にくくなるだけではなく、知識の面でも遅れを取ることになってしまいます。その他、入試においても英語を重要視する大学は多くあります。それは英語の力は勉強してすぐに身に付くものではなく、日々コツコツとした努力が必要であり、この日々コツコツと努力する姿勢は医学部で学ぶ上で、また医師として仕事をする上においても非常に大事なスキルでもあるからです。

国語力は、英語を始め全ての科目においてその基本となるものです。国語力がないために、科目的な知識があっても問題文が読めずに答えが出せないケースや、英語の長文なども、語彙力があるにもかかわらず国語力がないために読めないケースなど、国語力がある・ないは入試の結果にも大きく影響を及ぼしてきます。

大学入学共通テストで問われる「思考力・判断力・表現力」は、本来医師として活躍していく上でも必要な基本的な資質ですが、この「思考力・判断力・表現力」も、その基本となるのは国語力です。

国語力を鍛えることは全ての学習に通じ、またコミュニケーション能力を高めていくことにもつながります。国語力も英語力と同じで、勉強したからといってすぐに身に付くことはありません。時間はかかりますが、日頃から本を読む、新聞を読むなどの習慣を身に付けるなど、意識をして行動することが国語力の強化にも必ずつながってきますので、ぜひ実践してほしいと思います。

医学部入学後すぐに新たな戦いが始まる

ここまで「医学部合格はゴールではなく、医師になるためのスタート」というお話をしました。

医学部に入学した先の目標は、あくまでも立派な医師として活躍していくことです。この本の読者の方は医学部を目指している、又は考えている受験生や生徒、あるいはその保護者の方や、高校などの進路の先生方が中心だと思いますので、ここではあえて医学部に合格した後の大事な情報についてもお伝えします。

一つは、極端な言い方をしますが、医学部に入ったからといってそのまま医師になれるとは限らないという事実です。

この項で学年毎の進級テストで欠点を取り、留年が続くと大学側から放校や除籍処分が下され、大学を退学せざるをえないというお話をしました。大学側が進んで公表をしていないため、表にはあまり出てきてはいませんが、大学毎でその差はあるにせよ、放校や除籍処分、又は自主退学をする生徒の数は少なくないのが現実です。せっかく医学部に入っても、退学になってしまえば当然医師になることはできません。これまで何回も言ってきたように、大学に入ってからが大事であり、本当の勝負はここからだということを改めてお伝えしたいと思います。

もう一つは今の話の延長になりますが、医学部での6年間を頑張り、卒業試験をクリアし、医師国家試験に合格した後のことです。

免許取得後は医師として様々な経験を積み、また学習をしていく、2年間の初期臨床研修が始まります。この医師としての最初のスタートとなる研修先をどこで切るのか、どこで学ぶのかで、実は今後の医師としてのキャリアや方向性が大きく変わってくるということはあまり知られていません。

初期臨床研修先は、マッチングにより決定しますが、研修医の人気の高い医局や病院などの研修先は採用倍率も高く、なかなか入れないのが実情です。人気の高い研修先は設備が整い、多くの人材にも恵まれ、医師として勉強していく上での必要な様々な学習環境が整っているところが多く、そこで勉強し、様々な経験ができるかどうかは今後の医師としてのスキルやキャリアにも大きく影響が出てきます。自分が行きたい、また勉強したいと思う研修先に行けるかどうかは、まさしく医学部6年間をどう頑張ったのかによって決まるのです。

入学後からすぐに、もうその先を見据えた（自分自身や周りとの）新たな戦いが始まるという自覚を持つことが必要であり、常に6年後の自分自身の姿をイメージしながら、その目標に向かって、一歩一歩着実に前に進んでいける医学部6年間を過ごすことをぜひ意識してほしいと思います。

医学部の志願者数、受験者数は減少傾向

最後の知っておくべき情報ですが、これは受験生にとって嬉しい情報になるは

ずです。

国公立医学部は2012年度以降、また私立医学部は2018年度以降、毎年医学部を目指す受験生が減少しており、それに伴い医学部合格のチャンスが確実に広がってきています。例えば、志願者数、受験者数をここ4年で見ても、国公立医学部一般選抜においては志願者の数が2018年度の2万6033人から2021年度は2万1883人と4150人も減少しています。また私立医学部においても、志願者数が2018年度の10万9171人から2021年度は10万人を切った9万1223人となり、何と1万7948人も減少していることが分かります。

2021年度はコロナ禍での受験という特別な影響はあったにせよ、これからも続く少子化の影響は大きく、今後も志願者数、受験者数は減少傾向となるでしょう。またそれに伴い実質倍率も、国公立、私立共に年々下がってきており、以前と比べると確実に合格しやすくなってきています。

富士学院においても、2021年度は実数で過去最高となる国公立医学部医学

医学部入試概況

【国公立大学】

年度		2018年度	2019年度	2020年度	2021年度
総定員		5,767人	5,767人	5,697人	5,710人
推薦・総合・他・編入募集人員		1,560人	1,608人	1,662人	1,705人
一般選抜（前期・後期）	募集人数	4,207人	4,159人	4,035人	4,005人
	志願者数	26,033人	25,471人	22,146人	21,883人
	志願倍率	6.2倍	6.1倍	5.5倍	5.5倍
	受験者数	16,795人	15,733人	14,182人	13,662人
	総合格者数	4,401人	4,337人	4,247人	4,239人
	実質倍率	3.8倍	3.6倍	3.3倍	3.2倍

【私立大学】

年度		2018年度	2019年度	2020年度	2021年度
総定員		3,652人	3,653人	3,633人	3,647人
推薦・総合・他・編入募集人員		621人	644人	697人	771人
一般選抜 共通テスト 利用選抜	募集人数	3,031人	3,009人	2,936人	2,876人
	志願者数	109,171人	102,908人	100,626人	91,223人
	志願倍率	36.0倍	34.2倍	34.3倍	31.7倍
	受験者数	99,658人	95,235人	92,922人	84,154人
	総合格者数	6,087人	6,786人	6,999人	7,186人
	実質倍率	16.4倍	14.0倍	13.3倍	11.7倍

※総合格者数:繰上げ合格者数を非公表の大学は
正規合格者数を計上して集計。

科54名、私立医学部医学科195名の合格者を輩出しました。その中にはずっと浪人生活を送っていた7浪、8浪、9浪の生徒、また医学部に入学後に放校になった再受験生、大学入学共通テストで900点満点中679点の得点で国公立医学部医学科に合格した生徒、また入学時の全国模試の成績が総合で50を切っていた生徒など、一般的には厳しいと思われる現状を乗り越えて医学部医学科に合格した生徒がたくさんいます。

当然、受験生が減り、実質倍率が下がっただけで合格できるほど、医学部入試は甘くはありませんが、全体として合格しやすくなっているというのは間違いのない事実です。今後も少子化は続きます。大学側が募集定員を削減しない限り、おそらくこの傾向は続いていくことになるでしょう。そうです！　合格のチャンスは以前と比べ確実に広がってきています。このチャンスを掴むか、掴まないかはまさしく受験生の皆さん、そしてそれを応援する保護者の皆さん次第で決まります。

次からはいよいよ医学部合格に向けてのポイントとその攻略法について話を進

めていきます。

合格のポイントと攻略法について

出願先を含めた戦略と戦術で合否が決まる

これまで医学部受験者の減少傾向により、ここ数年、毎年医学部医学科の実質倍率が下がり、以前と比べて確実に合格しやすくなっているというお話をしました。

データから見てもそれは間違いない事実ですが、勘違いをしてほしくないのは、だからといって医学部受験が簡単になったということではありません。先述の、厳しい現状を乗り越え富士学院で合格を果たした生徒たちもそうですが、生徒本人の頑張りや、保護者の方々を始めとした周りの様々なサポートがなければ、合格することは不可能だったはずです。

ただ勉強を頑張るだけではなかなか合格できないのが医学部受験です。合格のためには、勉強を頑張ると同時に、一人ひとりの現状に応じた戦略と戦術が必要です。志願者、受験者が減少し、合格しやすくなっている今だからこそ、特にその部分が大事になってきます。圧倒的な学力があり、面接や小論文試験でも難なく合格点を取れるような受験生であっても、出願先を含めた戦略と戦術は必要であり、医学部受験はまさにその部分で合否が決まると言っても過言ではありません。それではここから具体的に合格のポイントについて話を進めます。

情報は日進月歩で変わっていく

難関の医学部合格を勝ち取るためにはまず、相手（＝大学）を知り、そして己を知る（＝自分自身の現状を正しく理解する）事が必要です。大学毎の最新の正しい入試情報と自身の正しい現状分析。合格にはこの二つのポイントは絶対には ずせません。この大学毎の入試情報と本人の現状分析により、初めて本人にとって一番相性がいい、合格が見込める出願先が決定できるからです。

本人に一番合った出願先の選定とその対策をどう取るのかでまさしく合否が変わります。しかし入試に関する情報はそれこそ膨大にあり、インターネットや友人、知人からの情報を始め、巷にはいっぱいの情報が溢れています。ここで大事なのがその情報が最新のものなのか、あるいは本当に正しいものかということです。

間違った情報に振り回されていたり、情報そのものがなくて判断を誤ったりするケースをよく聞きます。よくあるのが医学部受験を経験した保護者が、当時の自身の経験則だけで物事を判断したり進めたりするケースです。

情報そのものは日進月歩で変わりますので、情報は常に最新のものでないと意味がありません。また、入試情報は出願先の決定だけにとどまらず、入試までや入試当日の戦い方にも影響を与えます。

例えば、私立の藤田医科大学は、英語の大問Ⅰから Ⅲと数学の大問Ⅰ（小問形式）はいずれもマークシート方式での出題ですが、この大問にはいずれも基準点があり、英語、数学の内、1科目でも基準点を下回ると、その時点で即不合格になってしまいます。

極端に言えば、その大問以降の記述式で満点を取ったとしても、また他の科目が全て満点だったとしても、基準点を下回ると即不合格になってしまうのです。

そうなるとその大問以降に自分が解き易い問題があったとしても、まずはそのマークシートに全力を傾けることが必要であり、その情報を知っているか知らないかで当日の戦い方や合否まで変わってくることになります。この情報は大学の募集要項には書いてありますが、「英語、数学には基準点がある」程度しか書いてなく、詳しい内容まで知っている受験生はかなり少ないと思います。できるだけ表に出ている正しい最新の入試情報を取得することは当然ですが、その詳しい中身まで知ることができると更にベストです。

学院OB生の事例紹介

出願先の選定とその対策をしっかり取ったことで今年見事に医学部合格を勝ち取った学院OB生の事例をいくつかご紹介します。一人目は、前項でも紹介した大学入学共通テスト900点満点中、679点（75・4％）とかなり低い得点で、国立の山梨大学医学部医学科に学校推薦型選抜の地域枠で合格したAさんの事例です。

山梨大学の学校推薦型選抜は地域枠での募集のみで募集定員は35名以下。山梨県の高校出身者で、1浪生までが受験でき、学校評定平均値A段階（4・3以上）が必要です。その他医師免許取得後、一定期間山梨県内において医師の業務に従事することが確約できる者という出願における様々な条件が課されますが、出願資格がある受験生にとっては合格のチャンスが広がる入試となっています。またこの学校推薦型選抜では、二次試験で学科試験がなく面接試験のみで評価されるため、面接の結果が最終合格に大きく影響してきます。大学入学共通テストで思うような得点を取れなかったAさんは面接試験で逆転を狙うため、その対策を徹底して行った結果、見事に逆転合格を勝ち取ることができました。

もう一つの事例として、大学入学共通テスト900点満点の686点（76・2%）とこれもかなり低い得点で、国立島根大学医学部医学科に学校推薦型選抜の一般枠で合格したEさんの事例を紹介します。

島根大学の学校推薦型選抜の募集定員は一般枠25名以内、地域枠10名以内、緊急医師確保対策枠9名以内（一般枠4名）の計44名以内となっており、島根県出身ではないEさんは出身地の出願資格がない一般枠で出願をし、見事に合格を勝ち取ることができました。Eさんの合格の要因をいくつか挙げてみます。

島根大学の学校推薦型選抜は大学入学共通テストの前に大学独自試験の個人面接と小論文試験があり、大学入学共通テストの結果を含めた総合判定で合否が決定されます。島根大学の一番の特徴は大学が独自に設定した傾斜配点です。数学と理科2科目は大学入学共通テストの点数から配点比率が1・5倍となり、逆に国語は0・5倍に設定されています。そのため国語が苦手で、数学と理科系が得意な受験生は素点と比べ得点がかなりアップします。

Eさんはこの傾斜配点を利用し、合否を左右する面接試験と特徴のある小論文試験対策をしっかり行ったことで、見事合格を勝ち取ることができました。

これらは、いずれも学校推薦型選抜での事例ですが、国公立や私立を問わず様々な出願資格が必要な学校推薦型選抜や、その他総合型選抜などは、受験資格がある受験生にとっては受験生そのものが限定される分、チャンスが大きく広がります。いずれも受験資格を得るためには大学が求める評定平均値などが必要ですので、高校での学習を大事にし、定期試験などでしっかり得点を取ることが求められます。

今回の事例でも分かるように、大学毎の入試情報はとても大事であり、その情報と受験生の現状を踏まえた出願先の選定、そしてその対策をどう取るのかはとても大事であり、合否に直接影響してきます。また出身地の出願資格が必要なケースは、その資格があれば合格を勝ち取るチャンスが更に大きくなりますので、大学毎の出願に関する情報を含め入試情報はしっかり押さえておく必要がありま す。もう一つ、出願先の選定とその対策で合格を勝ち取ったOさんのケースを紹介します。Oさんは大学入学共通テスト900点満点の710点（78・9％）で国立信州大学医学部医学科の一般選抜に合格を果たした生徒です。

Oさんも大学入学共通テストでは納得できる点数には届かなかったのですが、本人の希望と二次試験（大学個別試験）の科目毎の出題傾向との相性を踏まえて信州大学に出願をしました。そして相性がいい個別試験対策を徹底して行った結果、見事に逆転合格を果たすことができました。

大学入学共通テストで高い得点を取ることは、当然国公立医学部医学科合格に向けての大きなアドバンテージになりますが、たとえ大学入学共通テストで失敗をし、思うような得点が取れなかったとしても、そこで諦めるのではなく、出願先の選定や大学毎の個別試験対策で十分逆転も可能だということをぜひ知っておいてください。

ここまで入試情報の大事さをお伝えしてきましたが、特に大事なことは、大学の入試情報だけがあっても実はあまり意味がなく、その情報を一人ひとりの生徒にきちんと生かせる環境があってこそ、初めて意味のあるものになるということです。入試情報をしっかりと生徒自身に生かせる学習環境が合格に向けての大きなポイントになるのです。

また、合格を勝ち取るポイントとして面接対策は必須です。現在、国公立、私立を問わず全ての大学で面接試験が採用され、合否にも大きく影響を与えています。大学毎に面接試験のやり方、評価方式、また評価の基準そのものが違うため、これらの情報に基づいた面接対策をしっかり取ることは合格への大きなアドバンテージとなります。

面接試験は、個人面接、集団面接、グループ討論、MMI方式などがあり、評価方式も点数制、段階評価（A評価~D、E評価）、総合的に評価など、それぞれの大学で異なります（成績開示データ参照）。点数制の場合には面接点で逆転が生まれ、段階評価の場合にはDやE評価を取ると学科試験の点数がどれだけ高

成績開示データ

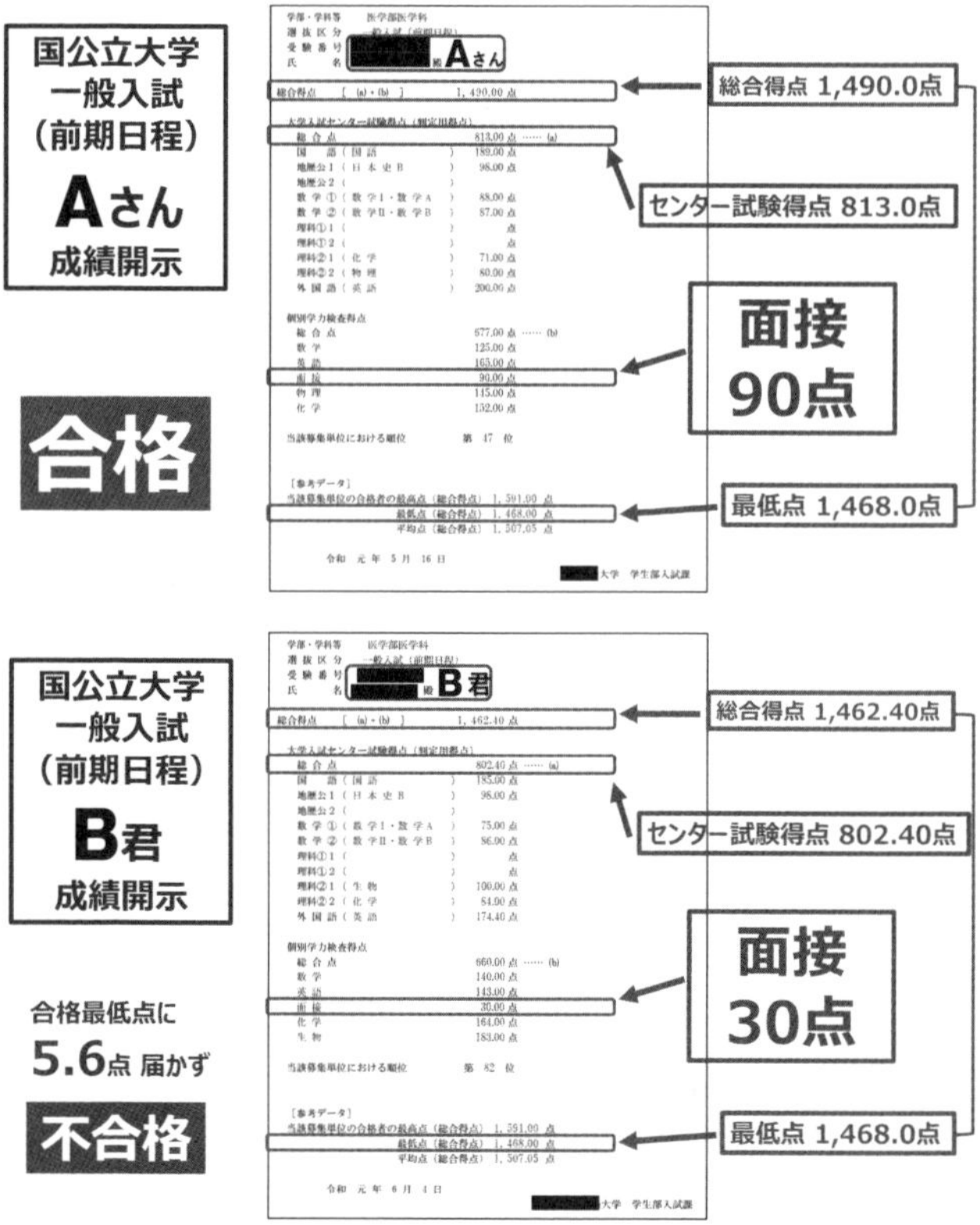

※不合格となったB君は面接点があと6点（合計36点）あれば合格できていた。

[redacted]大学医学部入学者選抜成績開示通知書

第 1348 号
令和元年 7月 1日

[redacted] 殿

[redacted]大学長
[redacted]
（公印省略）

貴殿から申請がありました入学試験の成績について、下記のとおり通知します。

記

C君 私立大学医学部医学科成績開示データ

第1次試験 第1次学力検査 （大学入試センター試験） ※ 300点満点	243点／300
第2次試験 第2次学力検査 ※ 600点満点	288点／600
小論文 ※ 50点満点	27点／ 50
合計 ※ 950点満点 合格者最低点：542点	558点／950
面接・調査書等	否

※合格最低点を越えているにもかかわらず面接の結果で不合格に。

くても落とされるといったケースが出てきます。また総合的に評価するケースでも、面接試験の内容が合否に大きく関わってくることになります。その他小論文試験を行う大学では、面接試験に加えて小論文試験での評価も加わり、合否が決定されます。

大学によっては〝人が評価をする面接試験はその人によって差がでるので、そこまで重要視はせず、極端にひどい受験生だけを落とす〟というところもありますが、今の流れは、総じて「面接重視」が顕著であり、実際の成績開示データを見ても、面接試験で合否が大きく分かれていることがよく分かります。やはり対策はしっかり行うべきでしょう。

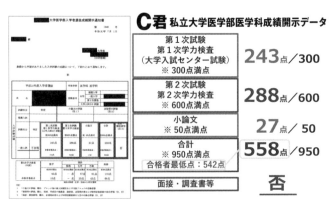

受験力とは何か

「医師になる」という自覚や覚悟

富士学院では浪人生、現役生を問わず面接指導を重視しています。特に浪人生対象で年間を通して全ての受験科目を指導する富士ゼミにおいては、入学早々から面接指導を徹底します。これは面接試験のための指導というよりは、面接指導を通して「医師になる」という自覚や覚悟を促していくためです。

〝なぜ医学部を目指すのか〟
〝どんな医師になりたいのか〟
〝医師に必要な資質とは〟
〝3分間で自己PRを〟

こういった質問に始めはうまく答えられなくても、自分自身と正直に向き合い、自分で自分自身のことを改めてしっかりと考えることにより、

〝何のために今頑張っているのか〟
〝将来どうなりたいのか〟
〝今の自分に足りないものは〟

など多くのことに自らが気付くことができます。それは、ここからまた新たに自分自身の目標に向かって頑張っていこうという一つの動機付けにもなってくる

のです。

自らが自らの目標のために自ら頑張る。この能動的な学習の積み重ねは学力を飛躍的に向上させるだけではなく、自学習への取り組みや積極的に質問を行なうといった、勉強に対する様々な取り組みにも大きな変化を起こします。

合格を勝ち取るポイントの一つとして学習環境を挙げましたが、生徒一人ひとりが自ら前向きに頑張り、そして能動的に勉強に向かう姿勢は、他の生徒も巻き込んでお互いが刺激し合い、そして切磋琢磨できる理想の学習環境へとつながっていきます。この学習環境の存在が、富士学院の高い合格実績の大きな要因となっていることは間違いありません。

敵を知り、己を知る。これにもう一つ合格のポイントをつけ加えます。

特に私立医学部を目指している（国公立との併願を含む）受験生にとっては大事なポイントになります。それは大学入学共通テスト以降から始まる私立大学の受験日程をどう組んでいくのかということです。

私立は国公立と違い、受験日程が合えば何校でも受験することができます。私立を受験する多くの生徒が平均10校前後の大学を受験をしますが、同一日に何校かの大学の受験日が重なる場合には当然、一校しか受験できません。その他、一次試験合格後の二次試験日と別の大学の一次試験日が重なるなど、様々なケースが生じてきます。

特に二次試験日は、複数日程が設定されている場合が多く、出願時に自分自身で選択できる大学もあるので、この二次試験日をいつに設定するのかを含めた受験日程の組み方も合否を左右することになります。もう一つ、大学入学共通テストの終了から3月まで続く長い受験期間を、最後までどう頑張るのか、モチベーションを含めた高い意識を最後までどう保てるかも合格への大事なポイントになります。

学力があり、力もある受験生が、大学入学共通テストや前半戦の私立入試で、たまたま何かで結果を出せず、それが焦りやプレッシャーにつながり、そのままずるずると負のスパイラルに陥り、最後まで本来の力が発揮できずに受験が終わってしまうというケースはよくあります。一方、まだ合格ラインまで厳しかった受験生が、私立入試を何校も経験していく内にだんだんと受験力を身に付け、最後に逆転で合格を果たすというケースも実はよくあるのです。

受験力とは、受験を通し、受験に対応していく、また対応できる力のことを言います。入試当日、大学によってはその日の入試問題を持ち帰れる大学もあります。また持ち帰れなくても、ある程度問題を覚えていたら、その入試問題を今度は落ち着いてゆっくり解き直すことができます。

この問題の解き直しが、それ以降の入試に経験として大きく生きてくるのです。富士学院では、全国に直営校がある関係で、他の校舎の生徒も含めて、受験会場近くの校舎で講師の先生と一緒に入試問題の見直しや解き直しを行っています。自宅やホテルの一室で質問もできない中、一人で黙々と勉強するより、周りに頑張っている仲間がいて、講師に質問ができる環境の方が当然モチベーションは上がります。

合格を勝ち取るには、受験を迎えるまでにどれだけ頑張ったかが問われますが、受験期間中もそれと同じくらい、いやもしかしたらそれ以上に大事な期間になるのかもしれません。

それではここからは、学力面における合格のポイントをまとめてみましょう。

医学部に入るということだけを前提にした場合には特別に高い学力は必要ありません。とにかく合格最低点をクリアすることです。そのためにはまず、得意科目を持ちましょう。そしてできるだけ苦手科目はつくらないこと。苦手科目がある場合でも、合格最低点を見た時に足を引っ張らない程度までには持っていく必要があります。苦手科目がある生徒は、その科目のことが嫌いだという場合がほとんどです。嫌いだから苦手なのか、苦手だから嫌いなのか、いずれにしても苦手科目を克服していくためには、まずその科目のことを少しでも好きになることが必要です。いつまでも嫌いなままだと、ずっと苦手意識を持ってしまうことになります。〝好きになる〟という目的意識を持ちながら努力を続けることで、苦手意識も少しずつですがなくなっていきます。苦手科目がある生徒の特徴は、〝苦手〟〝嫌い〟という意識が強すぎるため、その科目を積極的に勉強しなくなり、更に分からなくなっていくという悪循環に陥っているケースがほとんどです。苦手科目に逃げずに少しでも好きになる意識と努力を続けていきましょう。最後は苦手で嫌いだった科目が得意科目にまでなるかもしれません。実際にそういう生徒もたくさん見てきました。

ここまで合格のポイントをいくつかお話ししてきましたが、合格への一番のポイントは「医学部に入る」そして「医師になる」という強い意識やその自覚を持つことです。

〝何のために勉強を頑張るのか、勉強のための勉強ではなく、将来医師になって多くの命を救うために今勉強を頑張っている〟

こういった強い思いは、勉強を頑張る上で、また日常生活を正しく送る上で、とても大きなモチベーションとなります。ご家庭、学校、塾や予備校といった生徒を取り巻く環境で人は大きく変わります。最新の正しい医学部入試情報を得られ、医師になるという意識を育める環境、即ち医学部受験にふさわしい学習環境は合格に向けての一番大事なポイントになります。できるだけ早い段階からこの医学部受験に適した学習環境で勉強を頑張ることは、それだけで合格へのアドバンテージとなってきます。

また入試情報の面からみると、学校推薦型選抜や総合型選抜は、いずれも出願資格があれば合格のチャンスが広がります。特に地域枠の募集については更に合格のチャンスが広がる入試です。

いずれの枠においても出願資格を得るためには多くの大学が出願資格の一つに挙げている、高校での評定平均値を大学の求めに応じて取る必要があります。まだ中学~高校2年生までの読者の方は、この評定平均値をA段階（4・3）以上取ることを目標とし、定期テストを始め、学校から推薦がもらえるような学校生活に努めることをオススメします。

その上で一つ注意したいポイントがあります。あくまでも受験の目標は一般選抜に置いてください。たしかに学校推薦型選抜や総合型選抜は一般選抜に比べ出願に制限があるため、合格のチャンスが広がる入試ですが、過度に期待してここに集中しすぎると、仮に結果が出なかった場合、精神面のダメージを含めて次の一般選抜に悪影響が出るケースがよくあります。

目標はあくまでも一般選抜に置き、チャンスが一つ増えたくらいの気持ちで学校推薦型選抜や総合型選抜に臨むようにしてください。その方が気負いもなく、逆に良い結果につながることが多くあります。また最近では身内に卒業生がいれば卒業生枠として新たに募集をする大学も出てきています。最新の大学の入試情報はぜひ押さえてください。

奨学金制度について

国公立に比べると私立医学部や医科大学は、ご存じの通り学費がかなり高額になります。そのため、始めから私立医学部や医科大学への進学を諦め、国公立一本に絞り医学部受験をせざるをえないという受験生が多くいるのが現状です。

しかし、医学部に進学する学生を支援する目的で、地方自治体による医学部修学資金貸与制度があることや、その他私立医学部や医科大学にも大学独自の奨学金制度や特待生制度が設けられているのはご存じでしょうか？

募集定員が限られているので、かなり高い倍率にはなりますが、その制度を利用することで国公立以外の選択肢が増え、合格のチャンスも少しですが広がってくることになります。最新の情報まで含めて一回詳しく調べてみる価値はあるでしょう。

情報が多岐にわたるため、ここでは詳しく書くことができませんが、2021年10月時点での最新の情報を一つお伝えすると、新潟県医師養成修学資金制度の私立大学地域枠として、杏林大学で2名、昭和大学7名、東邦大学5名、順天堂大学2名、東京医科大学2名、関西医科大学2名の募集があり、それぞれ杏林大学で3700万円、その他の大学では2160万円の修学資金が貸与されます。

杏林大学の学費は6年間で約3700万円ですので、修学資金だけで学費がまかなえることになります。なお、ほとんどの修学資金の貸与には返還免除の要件があり、その要件を満たせば貸与金の返還義務が免除されるシステムになっています。新潟県の場合には、新潟県が指定する医療機関等に9年間勤務することなどの要件があります。

ここでその修学資金を利用して合格した富士学院の生徒の事例をご紹介します。２０２０年度入試で、東北医科薬科大学の東北地域医療支援修学資金のA方式を利用して、見事合格を果たしたYさんの事例です。Yさんは、学費的な問題から国公立医学部を目指していましたが、東北医科薬科大学の修学資金を利用すれば国公立大学並みの学費になるということから、東北医科薬科大学も視野に入れた指導を行ってきました。実際、東北医科薬科大学のA方式には、３５００万円の修学資金が貸与され、しかも35名の募集定員があります。また、２６００万円の修学資金が貸与されるB方式においても20名の募集定員があることから、国公立が厳しくとも、何とか東北医科薬科大学には合格させたいとの思いの中で指導を行ってきました。

最終的にYさんは国公立には合格ができませんでしたが、見事B方式で合格を果たし、その後繰り上がりで目標のA方式での合格となり、国公立並みの学費の負担だけで医学部に通えることになりました。

医学部医学科への合格は簡単なものではありませんが、このように様々な情報を収集し、知恵を絞り、どうすれば合格が果たせるかを考え抜き、最後まで諦めずに努力を重ねていけば、合格という文字は必ず見えてくると、これまでの生徒事例を含むたくさんの経験から確信しています。

塾や予備校を選ぶ際の注意点

目的をはっきりさせる

以前と比べると合格しやすくなっているとは言え、まだまだ難関の医学部受験です。医学部合格を目指すために、塾や予備校を利用している生徒や受験生は多くいると思います。

これまで、医学部合格を勝ち取るためには最新の入試情報の取得を含めた、医学部受験に適した学習環境が必要だというお話をしてきました。そういう意味でもどの塾や予備校に通うのかはとても大事な選択になり、その選択によっては合否が分かれることにもなりかねません。ここでは、大事な塾や予備校を選択する上での注意点とポイントについて、それこそタブー抜きで詳しくお伝えしたいと思います。

まず、学校に行っている中・高生と浪人生とでは状況が違いますので分けてお話をします。中・高生の場合、基本的には家や学校から通える範囲で塾や予備校を探すことになると思いますが、最初に通う上での主な目的を明確にしましょう。学校での授業の予習・復習のためなのか、苦手科目の克服のためなのか、又は医学部現役合格のためなのか。授業の予習・復習のためであれば近くの塾や予備校で全く問題ないと思います。あとは本人の学力状況とその塾や予備校が合うか、合わないかだけの問題です。

ただ、〝近いから〟とか〝友だちが行っているから〟という理由だけで選ぶのはあまり良い選択とは言えません。行っているだけで満足していたら、それこそ時間とお金の無駄になってしまいます。大事なのは本人に合っているのか、またその目標や目的を達成できる環境なのかを見極めることです。

次に、医学部現役合格を目指している場合の塾や予備校の選択です。

この場合には、可能な限り医学部受験に適した学習環境がある塾や予備校をオススメします。近くにそういう塾や予備校がない場合には、週末の休みや春・夏・冬の長期休みを利用して通うだけでも大きなアドバンテージとなります。また最近ではＺｏｏｍ機能を利用して指導を行うケースも増えており、遠方でも受講することが可能になっています。

富士学院でも海外のニュージーランドの高校に留学している生徒の個人指導をＺｏｏｍを利用して行っていますが、一方的な授業ではなく、質問もできる双方向の授業なので、受講生の満足度も高いようです。近くにそういう塾や予備校がなければぜひご検討してみてください。一日でも早く医学部受験に向けた学習環境に触れ、またその環境の中で学習を進めていくことは、間違いなく医学部現役合格に近づくことになります。

浪人生の場合はどうでしょうか。

基本的に浪人生の場合には宅浪以外はどこかの塾や予備校に在籍し、そこで次の受験に向けて年間を通した指導を受けることになります。あまり深く考えずに浪人先を選択しているケースも多くあるようですが、自身の夢や目標のために一年という長い期間にわたって自分自身の身をまかせる大事な塾や予備校の選択です。この選択を間違えると合格が遠のくだけではなく、人生そのものが変わってしまう恐れも出てきますので注意が必要です。

特に一番学力が伸びるといわれる浪人一年目の過ごし方を間違えると、すなわち自身に合っていない塾や予備校を選んでしまうと、学力が伸びるどころか逆に落ちてしまうケースも多々あります。そうなると元に戻すだけでも時間がかかります。何年も浪人生活を送ったのち、果ては学部変更になり医師になる道を諦めざるをえなくなってしまうことはよく聞く話です。

浪人生も現役生同様、合格を勝ち取るための一番のポイントは、医学部受験に適した学習環境に触れ、その環境の中で学習を進めていくことです。では自身に一番合っている、又は必要な学習環境がある塾や予備校をどう選択していけば良いのでしょう？

予備校は大きく四つに分けられる

塾や予備校を大きく分けると、大人数での集団授業を行う大手予備校、大人数ではないとしても数十人規模で授業を行う準大手（中堅）予備校や塾、少人数制での授業を行う塾や予備校、そして1対1でのマンツーマンで授業を行う塾や予備校と大きく四つに分けられます。また、その中に医学部に特化した医学部専門の塾や予備校とそれ以外の塾や予備校があります。

大人数での授業は学費が安いというメリットがある反面、一方的な授業で、生徒が多いだけに質問も難しく、一人ひとりに対応した指導ができないというデメリットがあります。

また少人数や1対1での授業の場合、一人ひとりに細かく対応してもらえるというメリットの反面、その分授業料が高くなるというデメリットがあります。特に1対1での授業では、その生徒に合わせて授業ができるため、苦手科目や苦手分野の克服などには大きなメリットとなりますが、全ての科目を1対1で行うとその費用もかなりの金額になるだけではなく、自身の成績面での立ち位置が分かりづらく、また他の生徒との切磋琢磨ができない他、いつでも講師が自分だけを見てくれるという環境に慣れてしまい、大学に入ってからの集団授業に対応しづらいなどといったデメリットもあります。

いずれにしてもそれぞれに特徴があり、一長一短があるため、あとは本人の現状によって選択していくことになります。

入試情報を一人ひとりの生徒にしっかりと生かせる環境

大手でも医学部専門でも、それぞれの塾や予備校によって、それこそ医学部入試情報の質や量や正確さには大きな差があり、ここも一つの選択のポイントになってきます。

しかしこれまでもお話しした通り、それ以上に大事なのが様々な情報を一人ひとりの生徒にしっかりと生かせる環境があるかどうかです。いくら情報があってもその環境がないと、入試情報の意味そのものがなくなってしまいます。入試情報を様々まとめた本などもたくさん売られていますが、問題はその本をいかに生かすかです。そういう意味では生徒一人ひとりをしっかりと見ていく、そして生徒一人ひとりをしっかりとサポートできる環境がとても大事になってきます。

最後に、塾や予備校を選ぶ際の注意点について具体的にお話しします。

この本の中でもお伝えしてきたように、ここ数年、医学部受験者が減り、それに伴い医学部を目指して浪人する生徒も年々減少してきています。つまり各塾や予備校は生徒獲得、特に浪人生の獲得には大変な苦労をしているのが現状です。

市場規模は年々縮小しており、特にここ数年は生徒の獲得合戦が熾烈を極め、安易な値引きなどのダンピング合戦が当たり前のように行われるようになってきました。

私はこの現状をとても厳しい目で見ており、この状況が続けば今以上につぶれるところが出てくるだけではなく、意図的に値引きをし、生徒を獲得した後に計画的に塾や予備校を閉鎖し、入学金や授業料を返さない、そういうところも出てくるのではないかと憂いています。そうなれば一番困るのは生徒であり、またお金も返ってこなくなるというまさに二重苦となってしまいます。つぶれないにしても、ダンピングした授業料では適正な運営ができず、職員の給与カットや講師の指導料引き下げ等につながり、それはひいては職員や講師の士気の低下を招き寄せ、そのしわ寄せが結局は生徒自身にくることになります。すぐに特待生などと言い、安易な値引きやダンピングで生徒を獲得しようとする塾や予備校があれば細心の注意を払ってほしいと思います。

もう一つ注意をすべき点は、塾や予備校の話や説明をそのまま鵜呑みにしないことです。必ずその言っている内容や話についてきちんと確認をし、納得できるまで質問をしてください。特に合格実績についてはきちんと確認をすべきです。

よく一次合格者の数字をさも最終合格者のごとく出しているケースを見ます。一次合格者はあくまでも二次試験受験資格者であり、最終合格者ではありません。

他にも他学部の実績が含まれていないか、今年一年の実績なのか、そしてその数は延べ人数なのか合格者の実数なのか等々をぜひ確認してください。

延べ人数では一人で何校もの合格を勝ち取る生徒もたくさんいますので、本当の実績は分かりにくくなります。一番実績が分かるのは何人生徒がいて何人実際に合格したのかです。もっと言うと、自分と同じレベルの生徒がどれだけ合格し、またどうやって合格したのかが一番大事なポイントになります。

こういう話はあまりしたくありません。しかし合格実績は塾や予備校を選ぶ上での一つの大きな指標となるため、でたらめな数字や見せ方でうまくごまかすケースなどが後を絶たないのです。必ず実績の内容と、それが本当だと言える根拠についてもしっかりと聞いていくことをオススメします。

もう一つ大事なことがあります。それは合格実績だけを見るのではなく、自分自身の現状を踏まえて塾や予備校を選択していくということです。

例えば仮に有名なスポーツ選手が、ある塾や予備校から合格したとしても、それは、その選手だから合格したにすぎません。その選手と自分自身は現状も何もかも全く別の存在なのであって、そういう実績だけで塾や予備校を選ぶのはとても危険です。大事なのは、自分自身の現状を踏まえ、自分自身が一番頑張れる、また合格が見込める環境の中で勉強をするということです。その他FCなどで校舎を増やしている塾や予備校などで、受験時期に他の校舎で自学習ができ、質問もできるなどと謳っているところがありますが、これについても本当にできるかなどをぜひ確認してください。

何回も言いますが、相手の話を鵜呑みにせず、その根拠を含めてしっかり質問や確認をしながら、自分が通うことになる大事な塾や予備校をぜひ選択してほしいと思います。

「自分が通う塾や予備校の選択で将来が変わる」

このくらいの意識で塾や予備校選びを必ず行ってください。

そして最後にもう一つ、考えて考えて考え抜くくらいに慎重に塾・予備校選びは行うべきですが、一回そこに行くと決めたら、その塾や予備校を信じて素直にその指導や方針通りに頑張ることが必要です。

もちろん、本当にその塾や予備校に問題がある時は、そのために将来が変わる可能性がある以上、周りの信頼できる人に相談をし、場合によっては塾や予備校を変えることも必要かもしれません。しかし少々うまくいかないだけで講師や予備校といった、人や周りのせいにしても、自分自身の成長には何もつながりません。大事なのは自分自身が頑張り成長していくことです。文句ばかり言うより、素直に頑張った人の方が間違いなく成績は伸びます。そのことを最後にぜひ伝えさせてください。

保護者の役割と心構えについて

問題はどうやってやる気にさせるのか

私たちは一人ひとりの生徒たちと真剣に向き合い、難関の医学部合格に向けて心血を注ぎ、そして将来の良医を育んでいくためにこれまでも全力で指導を行ってきました。

生徒と真剣に向き合うためには、その保護者の方とも真剣に向き合う事が求められ、保護者の方とも一緒になって、お子様の成長と合格のために努力を重ねてきました。ある意味で生徒以上に悩み苦しみ、大変な思いでお子様の合格を願っておられるのが保護者の方々だと思います。そして真剣だからこそ、一生懸命だからこそ、お子様に厳しいことを言ったり、プレッシャーをかけすぎたりすることもあり、保護者の方が頑張れば頑張るほど逆にうまくいかなくなるケースも、たくさん見てきました。

〝親としてはもっとこうしてほしいのに、全然言うことを聞いてくれない〟

〝言えば言うほど反発をする、言わないとやらない。どうしたら良いのか？〟

これはよく保護者の方から質問される内容です。

もちろん親子の関係なので、それぞれのご家庭での環境があり、どれが正しい答えかは一口では言えません。あるいは答えそのものがないのかもしれません。ただ、私はこれまでの経験から、あまりプレッシャーを与えずに、お子様をまず信じてあげることが必要だと思っています。その上で、仮に塾や予備校に通っているのであれば、その塾や予備校に相談をするようにして、保護者の方からは、直接あまり強く言わない方が逆に良い結果につながっていると感じています。

勉強は本人が自分のために行うものです。仮に強制的にやらせたとしても、本人がやる気にならなければあまり良い結果にはつながりません。「問題はどうやってやる気にさせるのか」なのです。どうしたら本人が自ら頑張るのか、これは生徒を預かる私たちにとっても究極の命題です。

主役である生徒が自らやる気になって本気で勉強を頑張らないと、いくら講師や周りが頑張っても結果はついてきません。これは保護者の方にも言えることで、いくら親が頑張っても、また怒っても、あるいは強制的にやらせたとしても、あくまでも勉強をやるのはお子様本人です。

親としてできることは、またやるべきことは、これは私たちにも全く同じことが言えますが、お子様（生徒本人）を自らやる気にさせることなのです。これもそれぞれのご家庭での環境があり、そのためにどうしたら良いのかは一概には言えませんが、本人を自らやる気にさせることが大切だという答えだけは決まっています。この本の中でも環境という言葉をたくさん使ってきましたが、まさしく環境で人は変わります。その環境を周りがどう整えていくのかがとても大事なポイントになってきます。

「目標に向かって自らが頑張る」環境

富士学院で過去に保護者の方からこういう相談がありました。

その方は開業医のご家庭で、「親としては跡継ぎの事情もあり、子どもには医師になってもらいたい」と、常々本人に話し、期待もしていました。ただ本人は物心がついた頃から、医師になりたくないと親に対して反発をするようになったのです。浪人が決まり、保護者と共に富士学院に相談に来た時も本人は〝医学部には行かない〟〝だから富士学院にも行かない〟この一点ばりでした。

保護者としては、やはり医学部に行かせたいので、何とかして富士学院に通わせたい、そういう相談でした。

私たちは生徒本人には、「富士学院に来たからといって医学部に行かなければならない訳ではないんだよ。大学に行くのであれば勉強は必ずしなければならないよね。最難関の医学部を目指して勉強すれば、他の学部には間違いなく合格するから、一緒に頑張ろう」という話をしました。

また、保護者には「富士学院は校舎全体が医学部を受験するための学習環境となっており、生徒たちも全員が医学部を目指して頑張っているので、お子様もそういう環境の中で勉強することにより、意識も変わってくるかもしれません。できるだけ本人自らが医学部に行きたいと思えるように、またそうなるように指導していきます」という話をしました。

その後、やはり環境の力はとても大きなもので、その生徒も友だち全員が医学部を目指し、またそれぞれが将来の夢を語る中で、夏過ぎから医学部に行って医師になりたいと自らが思うようになってきました。

また、その頃から勉強に対しても更に真剣に取り組むようになり、見事一年で医学部合格を果たすことができたのです。当然ですが、保護者の方も大変喜ばれ、あれほど医師にはなりたくないと言っていた彼は今、医学部で医師になるために全力で頑張っています。

この例からも分かる通り、いかにして「本人をその気にさせ、自らがその目標に向かって自らが頑張る」環境をつくっていくのかがとても大事になってきます。

その他、保護者の方ができることはまだまだあります。この本の中でも医学部を目指す上で入試情報の必要性をたびたび伝えてきましたが、勉強を頑張っている本人にその情報の収集は難しく、更にそれが最新のものなのか、正しいものなのかの判断も難しいと思います。そういった情報の収集や、塾や予備校といった学習環境にまつわる情報の収集などは、保護者の方ができる最大のサポートになってきます。

お子様を信じ、親としてできるサポートや環境づくりを全力で行っていけば、その思いはお子様にも必ず伝わり、お子様が自ら目標に向かって頑張る大きな原動力にも必ずなるはずです。そして、そのことは親や周りに対しての感謝へとつながり、その感謝は将来りっぱな医師として活躍していくための大事な一歩へとつながっていくことを私たちは信じています。

あとがき

私が富士学院を恩師である前代表から引き継いで、もう16年が過ぎようとしています。

当時は福岡校の1校舎のみで、お預かりしていた生徒も40名ちょっとの規模でした。現在では東京・大阪を始め全国に直営9校舎を構え、生徒数も約500名という医学部予備校業界でも直営校としては最大規模を誇るまでに成長することができました。

教育業界未経験で富士学院の代表に就任した当時の私は、子どもたちや若者たちの未来を担うこの教育業界に対し、とても神聖なイメージを持っていました。富士学院を背負う以上、私も教育者の一員としての強い自覚が必要であり、その覚悟を持って、この業界に入ったことを今でも覚えています。

しかし、その神聖なはずの教育業界は、中に入れば入るほど、私たちが頑張れば頑張るほど、そのイメージとは程遠い業界に見えてきたのです。

本来教育とは教え育むと書きます。教えるだけでは教（キョウ）であり、教え育んでこそ教育なのです。育むの語源は親鳥がひな鳥を包んで育てることから来ています。そして、成長したひな鳥はやがて巣立ちをしていきます。私たちで言う自立です。

教育には本来、そういう意味や目的があるにもかかわらず、例えば教育の前にビジネスが優先される売上至上主義や、特定の生徒が優遇される成績至上主義など、本来の教育とはかけ離れた世界がそこにはありました。また、一部の医学部予備校では開業医の後継ぎ問題に絡み、〝何としても我が子を医学部に〟という保護者の思いを利用してお金をむしり取る輩までいるのを目にし、私は心底これで良いのか、いや良いはずはないと強く感じたのです。このまま変わらないのであれば自分たちが変えていくしかない！　富士学院が変えていく。

この思いが今の全国展開への原動力となりました。

子供たちは未来を担う社会の宝物です。その宝物がどう育つのかは周りの大人たちの責任であり、特に教育者としての責任は非常に重たいと思います。この間、私たちは多くの生徒や受験生たちと真剣に向き合い、〝教え育む〟本来の教育を実践してきました。この取り組みは、大学や高校からも高く評価され、大学医学部や医科大学からの依頼で行っているオープンキャンパス内での入試対策講座は、このコロナ禍の中でも、毎年実施しています。また、高校からの依頼で行っている校内医学部入試セミナーはこれまで延べ200校近くの高校で実施してきました。セミナーでは医学部入試の現状や合格のポイントと併せ、本書のタイトルにもある「医師になる」というテーマでの講演を行っており、いずれも高い評価を受けています。このような結果やこれまでの様々な経験を含め、本書が教育業界をより良い方向へと変えていく原動力となり、また医師を目指す多くの方々へのエールとなるよう、今回「医学部受験最前線・医師になるということ」を出版しました。

この本の出版に当たり、大変多くの方々にご賛同とご協力を頂きました。特に朝日新聞出版の野口玲さん、順天堂大学医学部特任教授の天野篤先生、メドピア代表の石見陽先生、おおたわ史絵先生、鈴ノ木ユウ先生には大変お世話になり感謝の思いでいっぱいです。
改めて御礼を申し上げます。

坂本友寛

医学部受験最前線

医師になるということ

2021年12月30日　第1刷発行

著者　　坂本友寛

発行　　富士学院
発売　　朝日新聞出版
〒104-8011 東京都中央区築地 5-3-2
電話 03-5541-8777（編集）
電話 03-5540-7793（販売）
印刷製本　サンニチ印刷

ISBN978-4-02-100301-1